Е. Лемешко
Н. Лемешко

Англо-русский словарь новейшей компьютерной терминологии

КОМПЬЮТЕР ПРЕСС

Москва 1998

ББК 32.973.2
Л44

Лемешко Е., Лемешко Н.

Л44 Англо-русский словарь новейшей компьютерной терминологии: Ред. К.Ахметов. — М.: КомпьютерПресс, 1998. — 224 с.
ISBN 5-89959-041-6

Данный словарь содержит около 3000 новейших терминов, относящихся к программному и аппаратному обеспечению компьютерных систем. Основу словаря составляют термины, появившиеся в документации Microsoft в 1996-1997 годах. Словарь предназначен для специалистов, связанных с чтением и переводом англоязычной литературы по программированию.

Научно-популярное издание

**Лемешко Екатерина Борисовна,
Лемешко Николай Николаевич**

Англо-русский словарь новейшей компьютерной терминологии

Обложка М.Сафонов
Литературный редактор Н.Олевская
Корректор Т.Колесникова
Компьютерная верстка Н.Нарышкина

Сдано в набор 25.02.98. Подписано в печать 26.03.98.
Формат 84×108/32. Бумага офсетная. Усл.-печ. л. 11,76.
Тираж 5000 экз. Заказ 3324.

Лицензия № 063504 от 6.07.94
«КомпьютерПресс»
113093 Москва, а/я 37

Отпечатано с готовых диапозитивов
в полиграфической фирме «Красный пролетарий».
103473 Москва, ул. Краснопролетарская, 16

Л $\frac{2404040000-041}{74Д\ (03)-98}$ без объявл.   ББК 32.973.2

ISBN 5-89959-041-6   © КомпьютерПресс, 1998

К читателю

Англо-русский словарь новейшей компьютерной терминологии составлен сертифицированным специалистом Microsoft Николаем Лемешко и Екатериной Лемешко — членом Ассоциации переводчиков Онтарио (Канада), переводчиком с более чем пятнадцатилетним опытом. В словаре собраны термины и сокращения, относящиеся, в основном, к программному обеспечению Microsoft — операционным системам Windows 3.x, Windows 95, Windows NT, языкам программирования C, C++, Visual Basic, Visual C, Java, а также реляционным базам данных и компьютерным сетям. Большое место в словаре отведено терминам, относящимся к сети Интернет. Словарь включает в себя также терминологию, относящуюся к аппаратному обеспечению систем мультимедиа и локальных сетей.

Составители сознательно отказались от включения в словарь широко известной базовой терминологии. Такие термины, как file, save, keyboard, print и т.п., десятилетиями кочующие из словаря в словарь, оставлены за пределами данного издания. Предпочтение отдано тому, что можно назвать «трудностями компьютерной терминологии» и сокращениям. Таким образом, словарь служит ценным современным дополнением к любому академическому англо-русскому словарю по вычислительной технике и программированию. Большая часть включенных терминов появилась в документации Microsoft совсем недавно и не имеет русских аналогов. В таких случаях использовался описательный перевод, смысл и область применения термина более подробно раскрыты в кратком объяснении, следующем за переводом. Многие основные термины в тексте пояснений даны и в русском, и в английском вариантах.

Словарь рассчитан на широкий круг читателей. Профессиональный разработчик программного обеспечения найдет в нем множество терминов и сокращений по смежным областям программирования, студент или начинающий программист сэкономит время, узнав, к какому разделу программирования или информатики относится то или иное понятие, переводчик сможет спокойно чувствовать себя в океане компьютерной терминологии.

О пользовании словарем

Английские термины в словаре выделены **полужирным шрифтом** и располагаются в алфавитном порядке. Пояснение к термину отделено от перевода знаком. Ссылки на другие термины даны *курсивом*.

Сокращения, которые употребляются также и в развернутом виде, приведены в словаре и в сокращенном, и в развернутом виде в общем алфавитном порядке. При этом пояснение следует искать там, где приведен развернутый вид термина.

Синонимы к английскому термину предшествуют переводу, например:

accelerator key — или keyboard accelerator, keyboard shortcut, shortcut key, командная клавиша.

Если термин имеет несколько значений в различных областях программирования, то эти значения приведены под номерами 1, 2, 3 и т.д., при этом каждое значение снабжено пояснением, следующим за знаком ♦.

A

A-type resource record — строка ресурса типа А. ♦ В базе данных системы имен доменов (domain name system) компьютера — строка (запись), которая устанавливает соответствие между именем домена и IP-адресом.

ABC character spacing — ширина символа. *См. ABC width.*

ABC width — или ABC character spacing, ширина символа. ♦ Промежуток, занимаемый одним символом шрифта.

abnormal termination — аномальное завершение (программы), аварийная остановка. ♦ В обработке особых ситуаций — ситуация, когда программа выходит из блока попыток до того, как код будет выполнен до завершающей скобки.

absolute path — полный путь. *См. fully qualified path.*

absolute symbol — абсолютный идентификатор. ♦ Символ, содержащий константу с адресом в памяти, не связанным с адресом программы.

absolute time — абсолютное время. ♦ Выражение значения времени в форме, которая остается неизменной для любого часового пояса. Например, 12:00 на гринвичском меридиане соответствует московскому времени 15:00 и вашингтонскому времени 7:00.

abstract base class — базовый абстрактный класс. *См. abstract class.*

abstract class — или abstract base class, абстрактный класс, базовый абстрактный класс. ♦ В языке программирования С++ — класс, который не может быть использован для создания объектов, но используется в качестве базы, на основе которой создаются другие классы. Абстрактный класс содержит хотя бы одну чисто виртуальную функцию.

accelerator — **1)** или keyboard accelerator, командная клавиша. *См. accelerator key;* **2)** акселератор. ♦ Устройство, позволяющее повысить скорость работы компьютера или монитора. Обычно акселератор представляет собой плату с дополнительным процессором или дополнительным ОЗУ.

accelerator key — или keyboard accelerator, keyboard shortcut, shortcut key, командная клавиша. ♦ Клавиша или комбинация клавиш, нажатие которой приводит к исполнению определенной команды.

accelerator resource — таблица командных клавиш. *См. accelerator table.*

accelerator table — или accelerator resource, таблица командных клавиш. ♦ База данных, содержащая список командных клавиш и идентификаторов связанных с этими клавишами команд. Термин Microsoft Visual C++, версии 4, 5.

acceptance test — приемные испытания. ♦ Проверка работоспособности и функциональных возможностей компьютерной системы, обычно выполняемая продавцом при поставке системы пользователю.

access — **1)** доступ, обращение; **2)** выборка (из памяти).

access control entry — или ACE, запись в списке разрешения доступа. ♦ Запись, которая определяет права доступа к определенному файлу в файловой системе Windows NT. *См. ACL.*

access control list — или ACL, список разрешения доступа. ♦ Список мер безопасности, предотвращающих несанкционированный доступ к объекту (файлу, процессу, событию и т.д.), имеющему дескриптор секретности.

access key — или mnemonic key, клавиша доступа. ♦ Клавиша, нажатие которой эквивалентно выбору определенного пункта меню или объекта диалогового окна.

access mode — режим доступа. ♦ Корректный способ открывать файлы, каталоги или другие объекты, являющиеся источниками данных, либо вносить изменения в данные.

access privilege — привилегия доступа. ♦ В объектно-ориентированном программировании характеризует степень доступа извне к данным и функциям класса.

access token — маркер доступа. ♦ Группа атрибутов защиты, постоянно закрепленная за процессом входа пользователя в операционную систему. Маркер доступа содержит информацию о привилегии доступа, идентификаторах пользователей.

account — учетная запись. ♦ Поименованный перечень ресурсов сети, к которым имеет доступ данный пользователь или группа пользователей, и прав, которыми они наделены. *См. user account.*

ACE — запись в списке разрешения доступа. *См. access control entry.*

ACK — подтверждение приема. *См. acknowledge.*

acknowledge — или ACK, подтверждение приема. ♦ В сетях передачи данных — сообщение, которое принимающая станция отправляет передающей станции для подтверждения того, что блок данных получен полностью и в нем не обнаружено ошибок.

ACL — список разрешения доступа. *См. access control list.*

ACL — или Association for Computer Linguistics, Ассоциация компьютерной лингвистики, США.

ACL groups — или access control list groups, группы из списка разрешения доступа. ♦ В операционной системе LANtastic — группы пользователей, которым предоставлены одинаковые права доступа к ресурсам сети.

Action Media — торговая марка, принадлежащая корпорации Intel. ♦ Под этой маркой выпущены цифровые видеоплаты, разработанные IBM, и программное обеспечение к ним.

activation — активация. ♦ Процесс ввода в работу окна или другого объекта.

active caching — активное кэширование. ♦ Режим кэширования, при котором содержимое кэш-памяти автоматически обновляется специальной функцией при превышении определенной продолжительности хранения объектов в кэш-памяти. *См. passive caching.*

active client — активный клиент. ♦ Элемент Active Platform, работающий на стороне клиента; элемент, который делает возможным взаимодействие прикладных программ с разными операционными системами, такими как Windows, Macintosh, UNIX.

active data objects — или ADO, активные объекты данных. ♦ Набор интерфейсов доступа к базам данных, оптимизированный для работы в сети Интернет.

Active Group — организация, занимающаяся разработкой стандартов для технологии ActiveX.

active HTML document — или active page, активный документ HTML, активная страница. ♦ Страница Интернета, которая кроме статической информации содержит элементы управления ActiveX, активные сценарии или небольшие прикладные программы на языке Java, позволяющие пользователю посылать запросы серверу HTML. *См. static page.*

active page — активная страница. *См. active HTML document.*

active pixel region — область активного изображения. ♦ Часть экрана, занятая передачей изображения (движущейся картинки, мультипликации).

Active Platform — набор компонентных технологий для разработки программного обеспечения клиента и сервера, позволяющий разработчикам объединить свойства сети Интернет с возможностями персонального компьютера. *См. active client, active server.*

active server — активный сервер. ♦ Элемент Active Platform, устанавливаемый на стороне сервера, представляет собой набор системных служб, входящих в состав Windows NT (например, служб управления компонентами приложений, доступа к базам данных, обработки транзакций и обработки сообщений).

Active Server Pages — активные страницы сервера. ♦ Приложение на базе Microsoft Internet Information Server, выполняющее обработку сценариев и подключение компонентов ActiveX. Разработчики могут комбинировать сценарии и компоненты ActiveX для создания Web-приложений.

active state — **1)** состояние активности. ♦ «Активными» называют программы, документы, устройства или участки экрана, непосредственно участвующие в данный момент в работе; **2)** активное состояние объекта. ♦ В терминах технологии OLE — состояние объекта в составном документе, при котором пользователь может редактировать этот объект, не покидая окна основного документа. *См. OLE.*

active window — активное окно. ♦ Окно, с которым пользователь работает в данный момент. *См. foreground window.*

active token monitor — монитор передачи эстафеты. ♦ Рабочая станция, отслеживающая передачу управляющего сигнала в локальной сети типа Token Ring.

ActiveX — технология ActiveX. ♦ Компонентная технология, основанная на объектной модели Microsoft COM (Component Object Model) и развившаяся на основе технологии связывания и внедрения объектов (OLE). Технология ActiveX позволяет программным компонентам, написанным на различных языках, совместно работать в сетевой среде (локальные сети, Интернет). *См. COM, OLE.*

ActiveX Automation — автоматизация ActiveX. ♦ Технология, основанная на OLE Automation. Автоматизация ActiveX позволяет создавать компоненты ActiveX, функции (методы) которых доступны другим программам и языкам.

ActiveX component — компонент ActiveX. ♦ Предварительно откомпилированный программный элемент, созданный на основе модели COM, который обладает определенной функциональностью. *См. COM.*

ActiveX control — элемент управления ActiveX. ♦ Новое название для программируемых элементов, ранее известных под названиями «элементы управления OLE», «OCX», «специальные элементы управления OLE». Все элементы управления, созданные ранее с помощью комплекса инструментальных средств разработки элементов управления (Microsoft Foundation Class Control Developers Kit), соответствуют спецификации элементов управления ActiveX.

ActiveX document — документ ActiveX. ♦ Документ, содержащий объекты документа ActiveX, элементы управления ActiveX и прикладные программы на языке Java.

ActiveX scripting — создание сценариев ActiveX. ♦ Технология Microsoft для подключения специальных элементов управления, созданных другими компаниями, к прикладным программам Microsoft.

ActiveX server component — компонент сервера ActiveX. ♦ Компонент ActiveX, созданный для исполнения на стороне сервера в архитектуре «клиент/сервер».

ActiveX server extension — дополнительный интерфейс ActiveX для Web-сервера. ♦ Библиотека динамической компоновки, которая обеспечивает интерфейс прикладных программ для Web-сервера.

ActiveX server filter — ActiveX-фильтр для Web-сервера. ♦ Библиотека динамической компоновки, которая перехватывает и обрабатывает уведомления, посланные к данному Web-серверу.

ActiveX server framework — программные средства для написания дополнительных интерфейсов ActiveX для Web-серверов.

actual argument — или actual parameter, действительный аргумент. ♦ Единица информации (переменная, константа, указатель и т.д.), переданная в обращении к макрокоманде или внутри скобок при обращении к функции, которую вызванная функция затем преобразует в формальный параметр.

actual parameter — действительный аргумент. *См. actual argument.*

ad hoc query — незапланированный запрос. ♦ Запрос, созданный для немедленного исполнения (в реляционных базах данных). Незапланированный запрос может быть создан «с нуля» или путем модификации существующего запроса.

adapter segment — адаптерный сегмент. ♦ Так в Windows называют область верхней памяти от 640 Кбайт до 1024 Кбайт с адресами от A000 до FFFF.

adaptive compression — адаптивное сжатие. ♦ Программа сжатия данных, которая постоянно анализирует тип, содержание данных и тип накопителя, а также адаптирует к ним свой алгоритм.

additive color — аддитивная цветовая модель. ♦ В издательских системах и мультимедиа — способ получения цвета сложением простых цветов, обычно красного, зеленого и синего (RGB — Red, Green, Blue) или голубого, пурпурного, желтого и черного (CMYK — Cyan, Magenta, Yellow, blacK).

address resolution protocol — или ARP, протокол назначения адреса. ♦ Составная часть протокола транспортировки/протокола Интернет (TCP/IP).

address space — **1)** адресное пространство. ♦ В общем случае — совокупность ячеек памяти, к которым может обращаться микропроцессор. Практически под адресным пространством компьютера понимают объем памяти, который может использовать микропроцессор; **2)** или memory space, адресное пространство, диапазон адресов. ♦ Часть памяти, выделенная для данного процесса.

ADO — активные объекты данных. *См. active data objects.*

ADPCM — или adaptive differential pulse code modulation, адаптивная кодовая модуляция разностного сигнала. ♦ Вид кодирования, применяемый для хранения информации о звуковых сигналах в цифровой форме.

ADPCM (Microsoft) — название программы кодирования-декодирования, разработанной Microsoft. ♦ Программа использовалась для создания энциклопедии Microsoft Encarta и других публикаций на компакт-дисках. *См. ADPCM.*

AFXDLL — динамически загружаемый модуль (DLL), содержащий полную 32-битную библиотеку основных классов Microsoft. ♦ AFXDLL позволяет создавать прикладные программы без организации статической связи с библиотекой основных классов.

aggregate functions — составные функции. ♦ В языке SQL — функции, которые генерируют одно итоговое значение на основе группы значений в выбранном столбце. Составные функции часто используются с операторами GROUP BY и HAVING языка структурированных запросов. *См. SQL.*

aggregate object — составной объект. ♦ В модели COM — объект, который использует определенные интерфейсы с помощью одного или нескольких заключенных в нем объектов. — *См. COM.*

aggregate type — или complex type, nonscalar type, составной тип. ♦ В языках программирования C и C++ — структура, объединение или массив данных. В C++ класс также может быть составным типом, если он не содержит конструкторов, общедоступных членов, базовых классов или виртуальных функций.

alert — предупреждение. ♦ Запись, которая заносится в журнал регистрации при выявлении особой ситуации (в операционной системе, базе данных, сети).

alert message — сообщение-предупреждение. ♦ Экранное сообщение об ошибке, сбойной ситуации в системе или недопустимости операции, которую попытался выполнить пользователь.

alerter — обработчик предупреждений. ♦ Программный компонент (служба Microsoft Windows NT, Microsoft System Management Server и др.), который оценивает особые ситуации и предпринимает предписанные действия.

algorithm — алгоритм, метод, правило. ♦ Описание последовательности операций для выполнения определенных действий и решения определенных задач.

alias — псевдоним, альтернативное имя. *См. aliasing.*

aliasing — 1) совмещение имен. ♦ В программировании – использование альтернативного имени для области памяти, для обращения к которой уже использовалось какое-то имя, либо ситуация, когда два различных указателя ссылаются на одну область памяти; **2)** использование псевдонима. ♦ Замена одного имени или группы имен псевдонимом, например, замена длинного имени файла, использовавшегося в операционной системе MacOS, на имя, соответствующее формату MS-DOS; **3)** эффект дискретизации. ♦ В компьютерной графике — неровность, ступенчатость диагональных и закругленных линий, вызванная дискретностью растра. *См. antialiasing.*

allocation — распределение, назначение. *См. memory allocation.*

allocation unit — блок памяти. ♦ Адресное пространство, зарезервированное для определенного использования. В терминологии SQL — логический блок объемом в 0,5 Мбайт в памяти сервера SQL, состоящий из 256 двухкилобайтных страниц.

alpha testing — альфа-тестирование. ♦ В разработке программного обеспечения — предварительная стадия тестирования, предназначенная для общей оценки будущего программного продукта и определения необходимости включения в него тех или иных свойств. *См. beta testing.*

alpha value — альфа-компонент. ♦ В моделях смешения цветов в системах мультимедиа — компонент, используемый для управления смешением цветов. *См. RGBA.*

ambiguity — 1) неоднозначность. ♦ Наличие двух или более значений у одного выражения; 2) неоднозначность. ♦ В производных классах — ситуация, когда выражение может относиться к более чем одному типу данных, объекту или функции; в синтаксисе — ситуация, возникающая при приведении типов.

ambiguous expression — 1) неоднозначное выражение. ♦ Выражение, значение которого зависит от порядка вычисления, когда язык программирования не определяет этого порядка; 2) неоднозначное выражение. ♦ Выражение, значение которого не может быть вычислено, так как типы, используемые в выражении, не являются уникальными.

amplifier — усилитель. ♦ Электронное устройство, схема, которая усиливает напряжение, ток или мощность входного сигнала и/или разделяет компоненты электронной системы.

analog video — аналоговый видеосигнал. ♦ В средствах мультимедиа — видеосигнал, изменение которого описывается непрерывной функцией.

analog-to-digital converter — аналого-цифровой преобразователь, АЦП. ♦ Устройство, преобразующее аналоговые сигналы в дискретную форму, представляемую в цифровом виде. *См. digitization.*

anamorphic — деформированный. ♦ Подвергшийся искажению из-за неравного изменения масштаба по горизонтали и вертикали, об изображении в средствах мультимедиа.

anchor — якорь. ♦ Элемент языка HTML, соединяющий документы Интернета, обычно выделенный другим цветом в тексте документа. Якорь позволяет пользователю перейти к другой странице Интернета, функции якорей во многом схожи с функциями закладок. *См. bookmark.*

animation — анимация. ♦ В системах мультимедиа — способ изображения движущегося объекта на экране путем быстрого показа последовательности изображений, соответствующих различным фазам движения.

annotation file — файл аннотации. ♦ На серверах FTP используются файлы аннотации, содержащие суммарную информацию о данном каталоге. *См. FTP.*

anonymous FTP — анонимный доступ к серверу FTP. ♦ Предоставление доступа к определенным ресурсам FTP-сервера без аутентификации пользователя. *См. FTP, anonymous logon.*

anonymous logon — анонимный вход в систему. ♦ Способ доступа к системе без предъявления пароля и имени пользователя.

В этом случае пользователь получает ограниченные права доступа к ресурсам (права гостя).

anonymous union — анонимное объединение. ♦ В языке С++ — объединение без признака или декларатора; анонимное объединение описывает неназванный объект и не может содержать члены-функции, приватные или защищенные члены.

ANSI — или American National Standard Institute, Американский национальный институт стандартов. ♦ Негосударственная организация, которая разрабатывает и публикует стандарты, предназначенные для добровольного использования в США.

ANSI C — версия языка C. ♦ Издана Американским национальным институтом стандартов в 1990 году.

ANSI character set — набор знаков ANSI. ♦ 8-битный набор, содержащий кроме 7-битного стандартного набора ASCII еще и математические символы, символы национальных алфавитов и другие знаки, обычно не помещаемые на клавиатуре.

antialiasing — защита от неровности, ступенчатости изображения. ♦ Техника интерполяции, используемая при соединении изображений: характеристики элементов изображения, находящихся в местах соединения изображений, усредняются, чтобы достичь плавного соединения.

APE — название служебной программы Microsoft. *См. Application Performance Explorer.*

API — интерфейс прикладного программирования. *См. application programming interface.*

Apple file protocol — файловый протокол Apple. ♦ Набор протоколов, предназначенных для локальной сети Apple.

Apple shared library manager — или ASLM, менеджер совместно используемой библиотеки Apple. ♦ Программа управления доступом к библиотеке кодов и ресурсов, которые могут одновременно использоваться несколькими приложениями в компьютерах Macintosh. ASLM не может быть использована компьютерами Power Macintosh.

App Studio precompiled file — предварительно откомпилированный файл App Studio. ♦ Двоичная версия текущего файла ресурсов, которая создается с помощью среды разработки Microsoft Developer Studio и используется для быстрой загрузки ресурса. Microsoft Developer Studio дает этому файлу расширение APS.

applet — **1)** небольшая прикладная программа; **2)** аплет. ♦ Прикладная программа, которую программа — обозреватель Интернета загружает на жесткий диск пользователя, где прикладная программа выполняется в течение времени, пока открыта страница Сети. Чаще всего термин относится к программам, написанным на языке Java.

application class — прикладной класс. ♦ Класс, производный от класса CWinApp, который входит в библиотеку основных классов Microsoft, включающий в себя функции инициализации, выполнения и завершения программы — приложения к Windows. Приложение должно содержать один и только один объект прикладного класса.

application-defined resource — специальный ресурс приложения. *См. custom resource.*

application framework — основа приложения. ♦ В библиотеке основных классов Microsoft группа классов на языке C++, которые содержат основные компоненты прикладных программ для Windows. Своего рода «рама» для приложения.

application layer — прикладной уровень. ♦ Седьмой уровень модели OSI, предназначенный для прикладных программ, таких как электронная почта, администраторы баз данных и программы-серверы. *См. OSI.*

application local class — локальный класс приложения. *См. local class 2.*

application object — объект прикладного класса. ♦ Объект, входящий в состав прикладного класса. Объекты прикладного класса определяют форму документов, их вид, рамки окон, шаблоны, а также предопределяют поведение приложения.

Application Performance Explorer — или APE, название служебной программы Microsoft. ♦ Программа написана на языке Visual Basic и предназначена для помощи в разработке, планировании и отладке приложений типа «клиент/сервер».

application programming interface — или API, интерфейс прикладного программирования. ♦ Набор функций, используемых прикладными программами для взаимодействия с операционной системой и другими приложениями

application queue — очередь к приложению. ♦ Структура для хранения списка сообщений, ожидающих обработки определенным приложением. В зависимости от архитектуры операционной системы может использоваться единая очередь сообщений для всех приложений (Windows 3.1, Win16-приложения под Windows 95) или отдельные очереди сообщений для каждого приложения (Windows NT, Win32-приложения под Windows 95).

Archie — сокращение от Archive, название программы для поиска файлов, находящихся на серверах, использующих протокол FTP. Для поиска файла с помощью «Арчи» необходимо знать точное имя файла.

architecture — архитектура. ♦ Обобщенное описание аппаратной или программной системы. Архитектура программы или аппаратной системы обычно описывает принцип построения системы или программы, способ связи отдельных компонентов между собой, протоколы и интерфейсы, используемые для связи, и т.д.

archive — **1)** архив. ♦ Все хранимые резервные копии данных и программ; **2)** архивирование. ♦ Процесс создания архивов.

ARCnet — или attached resource computer network, тип локальной сети. ♦ Локальная сеть с физической архитектурой «шина» и логическим соединением типа «звезда», разработка Data Point Corporation.

argument — аргумент. ♦ Величина или выражение, используемое оператором или передаваемое подпрограмме, процедуре или функции.

arithmetic shift — арифметический сдвиг. ♦ Операция сдвига, левый операнд которой представляет собой величину со знаком. В операции сдвига вправо знаковый бит перемещается на место, освободившееся при сдвиге.

ARM — режим асинхронного отклика. *См. asynchronous response mode.*

ARP — протокол назначения адреса. *См. address resolution protocol.*

array — массив. ♦ Составной тип данных, в котором все элементы принадлежат к одному типу. Доступ к элементам массива обеспечивается заданием имени массива и индекса элемента.

artifact — артефакт. ♦ Непланируемый и нежелательный эффект, изменение изображения в видеосистеме.

ASCII — или The American Standard Code for Information Interchange, стандартная таблица символов. ♦ семибитный (плюс бит четности) знаковый код, используемый для передачи данных.

ASCIIZ string — строка, использующая специальный «нулевой» символ для обозначения конца строки. *См. null-terminated character string.*

ASLM — или Apple shared library manager, диспетчер совместно используемой библиотеки Apple. *См. Apple shared library manager.*

aspect — вид. ♦ Видимое изображение данных или графических образов на экране. *См. view 2.*

aspect ratio — **1)** отношение ширины элемента изображения экрана к его высоте. ♦ Значение этого отношения используется при создании, выборе и выводе на экран различных шрифтов; **2)** коэффициент сжатия. ♦ В компьютерной графике — отношение изменения вертикального масштаба к изменению горизонтального.

assembly language — язык ассемблера, ассемблер. ♦ Язык программирования низкого уровня, близкий к языку машинного кода, но использующий мнемонические, а не цифровые команды.

assertion — оператор контроля. ♦ Логическое утверждение в отладочной версии программы, которое имеет значение «истинно», если программа работает нормально. Если это утверждение принимает значение «ложно», значит, произошла ошибка в исполнении программы; обычно программа при этом выдает сообщение об ошибке.

assignment operator — оператор назначения (присвоения). ♦ Оператор, используемый для присвоения значения переменной или структуре данных. Примером может служить простой оператор присвоения (=), который присваивает значение его правого операнда левому операнду.

assignment statement — утверждение присвоения (назначения). ♦ Утверждение, обычно состоящее из а) переменной, которой присваивается значение, б) оператора присвоения и в) выражения, значение которого присваивается переменной.

associating — ассоциативное соединение. *См. file-name extension mapping.*

associativity — ассоциативность. ♦ Порядок (слева направо или справа налево), в котором вычисляется значение выражения, если находящиеся в нем рядом операторы имеют равные приоритеты и подвыражения не заключены в скобки.

asymmetrical compression — асимметричное уплотнение. ♦ Метод, при использовании которого для уплотнения информации требуется больше оперативной памяти, чем для разуплотнения. Уплотнение такого типа используется при производстве программного обеспечения для массового потребления на компакт-дисках.

asynchronous communication server — сервер асинхронной связи. ♦ Сервер, позволяющий рабочей станции в сети получить доступ к приложению по коммутируемой линии связи.

asynchronous operation — 1) асинхронный режим работы. ♦ Режим, при котором работа программы происходит независимо от синхронизирующего устройства, такого как часы; 2) или overlapped I/O, перекрывающийся вход-выход, асинхронная операция. ♦ В программировании для Windows — задача, которая выполняется на заднем плане, позволяя основному потоку, который ее вызвал, продолжать выполнение других задач.

asynchronous processing — асинхронная обработка. ♦ В ODBC — применяемый по умолчанию метод обработки транзакций. Драйвер базы данных передает управление приложению до того, как будет завершено обращение к функции; приложение может продолжать работу, не связанную с базой данных, при этом драйвер завершает выполнение вызванной функции.

asynchronous response mode — или ARM, режим асинхронного отклика. ♦ Режим работы сети, при котором станции посылают сообщения в любой выбранный момент, не дожидаясь прихода опросного сигнала.

asynchronous transfer mode — или ATM, режим асинхронной пересылки данных. ♦ Режим, основанный на организации виртуального пути, соединяющего точки передачи и приема до начала передачи данных, а также на передаче данных по каналу, определенному этим путем, в форме 53-битных пакетов; этот режим позволяет достичь скорости передачи данных от 150 Мбит/с до 1 Гбит/с.

ATM — режим асинхронной пересылки данных. *См. asynchronous transfer mode.*

atomic operation — элементарная операция. ♦ Операция, выполнение которой не отменяется во время ее исполнения.

attribute — 1) атрибут. ♦ Характеристика объекта, например цвет линии, длина поля базы данных; 2) атрибут. ♦ В реляционных базах данных — столбец таблицы.

audio-video kernel — или AVK, видеозвуковое ядро. ♦ Программное обеспечение для цифровых систем видео- и звукозаписи DVI. *См. DVI.*

audio-video support system — или AVSS, система поддержки видео и звука. ♦ Программное приложение к MS-DOS, позволяющее воспроизводить видеоизображение и звук.

auditing — ревизия, проверка. ♦ Контроль за работой пользователей путем занесения событий определенных типов в контрольный журнал сервера или рабочей станции.

authentication — аутентификация. ♦ Проверка идентичности пользователя, пытающегося получить доступ к системе. Под пользователем здесь понимается человек, компьютер или процесс.

authentication token — маркер аутентификации. ♦ Сообщение, выполняющее функции аутентификации пользователя. Маркеры аутентификации работают на основе процедуры вызова-отклика, ограниченной во времени кодовой последовательности и др.

authoring system — система автоматизации авторской работы. ♦ Программное обеспечение, позволяющее автоматизировать процесс создания диалоговых обучающих приложений и справочных файлов (Help-файлов).

auto storage class — автоматический класс памяти. *См. automatic storage class.*

automatic recovery — автоматическое восстановление. ♦ Восстановление базы данных после отказа в системе, выполняемое сервером автоматически как часть запуска. При автоматическом восстановлении проверяется файл регистрации и выполняется автоматический откат по всем незаконченным транзакциям и автоматический повтор всех завершенных транзакций. *См. rollback, rollforward.*

automatic rollback — автоматический откат. ♦ При автоматическом восстановлении базы данных после отказа в системе — восстановление базы данных в том виде, в каком она существовала в момент, предшествующий транзакции, во время которой произошел отказ. *См. automatic recovery.*

automatic rollforward — автоматический повтор («прокрутка вперед»). ♦ Часть автоматического восстановления базы данных, восстановление базы данных путем считывания журнала транзакций и восстановления всех читаемых и завершенных транзакций. *См. automatic recovery.*

automatic storage class — или auto storage class, автоматический класс памяти. ♦ В языках C/C++ — класс памяти для объектов и переменных, которые являются местными для участка кода, в котором они были описаны, и местоположение которых в памяти назначается каждый раз заново, когда программа обращается к блоку кода, в котором они были описаны. *См. storage class.*

automatic variable — динамическая локальная переменная. *См. local variable.*

automation client — клиент автоматизации. ♦ В автоматизации связи и внедрения объектов (OLE Automation) — приложение, которое может использовать объекты и услуги, предоставляемые сервером автоматизации связи и внедрения объектов.

automation server — сервер автоматизации. ♦ В автоматизации связи и внедрения объектов (OLE Automation) — приложение, которое делает свои программируемые объекты доступными для другого приложения (клиента автоматизации).

AVI (audio-video interleaved) file — смешанный (мультиплексный) видеозвуковой файл. ♦ Файл системы Microsoft Video for Windows, позволяющий демонстрировать озвученный видеофильм в окне Windows. В файле с расширением AVI хранится информация о форме звукового и видеосигнала.

AVK — видеозвуковое ядро. *См. audio-video kernel.*

AVSS — видеозвуковая система поддержки. *См. audio-video support system.*

B

B channel — или bearer channel, канал типа B. ♦ Канал — носитель информации; в интегрированной цифровой сети ISDN — канал, предназначенный для передачи данных (не сигналов управления). *См. также D channel.*

back end application — приложение, работающее на сервере. ♦ В приложениях типа «клиент/сервер» — часть приложения, работающая на сервере, приложение, ответственное за обработку запросов и обеспечение целостности данных. *См. front end application.*

backbone — несущая часть локальной сети. ♦ Основа конфигурации сети, обычно высокоскоростной участок кабеля, соединяющий несколько мостов.

backfilling — расширение памяти. ♦ Процедура выделения некоторого объема дополнительной памяти для дальнейшего его использования в качестве обычной памяти.

background — **1)** фон программы, фоновый. ♦ О задаче, программе или процессе, активизированном основным процессом в асинхронном режиме и не имеющем визуального представления на экране компьютера; **2)** фон. ♦ Задний план экрана, окна.

background color — цвет фона. *См. background 2.*

background mode — **1)** фоновый режим. ♦ Фоновый режим программы, режим, отличный от режима переднего плана. *См. background 1*; **2)** режим фона. ♦ Режим, определяющий, каким образом цвет фона смешивается с цветом существующего окна или с цветами экрана при графических или текстовых операциях. *См. background 2.*

background tasks — фоновые задачи. ♦ Задачи, служащие фоном других задач, программ, процессов. *См. background 1.*

backup — резервирование. ♦ Любой способ, позволяющий в случае отказа в компьютерной системе восстановить состояние этой системы; чаще всего под резервированием понимают копирование файлов на другой, резервный диск.

backup domain controller — или BDC, резервный контроллер домена. ♦ В домене Windows NT — резервный компьютер — сервер, располагающий копией базы данных каталога домена, в которой содержится вся информация об учетных записях пользователей и групп, а также о мерах безопасности данного домена.

backward compatibility — **1)** совместимость новой версии программы с предыдущими версиями. ♦ Способность новой версии программы работать с файлами, созданными предыдущей версией; **2)** совместимость существующего приложения с новой командной средой.

bad sectors — дефектные сектора. ♦ Сектора диска, помеченные во время форматирования или проверки диска как негодные для использования и не используемые операционной системой.

bandwidth — пропускная способность. ♦ Количество данных, которое можно передать по данному каналу (сети), обычно измеряется в битах в секунду.

bandwidth control — управление пропускной способностью (сервера). ♦ Определение максимального значения пропускной способности данной службы. Пропускная способность (рабочая нагрузка) сервера в сети Интернет может быть заведомо ограничена значением, меньшим его фактической пропускной способности, чтобы зарезервировать часть ресурсов для другого использования, например для электронной почты.

bandwidth on demand — или BOND, пропускная способность по заказу. ♦ В интегрированной цифровой сети ISDN — возможность объединять каналы типа В, в случае если объем передаваемых данных превышает пропускную способность одного канала типа В. *См. B channel.*

bank switching — переключение страниц памяти (банков). ♦ Способ последовательного чтения страниц памяти (банков) из расширенной памяти.

base address — 1) базовый адрес. ♦ Адрес, относительно которого указываются другие адреса; 2) базовый адрес. ♦ Одна из двух частей адреса, которая не изменяется и служит исходной точкой или базой для вычисления полного адреса бита.

base class — основной класс. ♦ В языке C++ — класс, от которого происходят другие классы.

base input/output port — основной порт ввода-вывода. ♦ Порт, определяющий канал, по которому происходит обмен информацией между аппаратными частями компьютера (например, сетевой платой) и центральным процессором. Центральный процессор воспринимает порт ввода-вывода как адрес.

base line — базовая линия. ♦ При выводе знаков на экран — невидимая горизонтальная линия внутри знаковой ячейки данного шрифта. Большинство знаков стоят на базовой линии, некоторые (такие, как «y» «p» «j» «g») заходят под базовую линию.

base memory address — или RAM start address, базовый адрес ОЗУ, стартовый адрес ОЗУ. ♦ Адрес области памяти компьютера, которая будет использоваться сетевой платой для обмена информацией между этим компьютером и другими компьютерами сети.

base name — основное имя. ♦ Часть имени файла, которая стоит перед расширением.

base priority — базовый приоритет. ♦ В режиме одновременного выполнения нескольких задач — уровень приоритета, который является базой для вычисления динамического приоритета потока (thread) на использование времени центрального процессора. Поток наследует свой базовый приоритет от процесса, в котором он был создан.

base tables — или underlying tables, внутренние, основные таблицы. ♦ В реляционных базах данных — постоянные таблицы в базах данных, на основе которых создается представление таблиц.

baseband — узкополосный кабель. ♦ В локальных сетях — коаксиальный кабель, по которому передается всего один канал, то есть сигнал без несущей и модуляции.

BASED_CODE — 16-битная макрокоманда из библиотеки MFC. ♦ Макрокоманда, которая обеспечивает размещение данных в кодовом сегменте вместо сегмента данных. В 32-битном Windows макрокоманда обеспечивает только совместимость с предыдущей версией.

BASIC — или Beginners All-purpose Symbolic Instruction Code, Бейсик. ♦ Широко используемый язык программирования высокого уровня с небольшим количеством определений и простым синтаксисом.

basic (clear-text) autentication — основной, открытый метод аутентификации. ♦ В сети Интернет — метод, при помощи которого кодируется при передаче имя пользователя и пароль. Этот метод называют «открытым», поскольку декодирование может быть легко выполнено любым пользователем, декодирующая утилита широко доступна.

basic rate interface — или BRI, базовый интерфейс. ♦ В интегрированной цифровой сети ISDN — интерфейс, обеспечивающий подключение к сети устройств с небольшой пропускной способностью, таких как терминалы; позволяет организовать два канала типа B с пропускной способностью 64 Кбит/с и один канал типа D (16 Кбит/с), часто обозначается формулой 2B+D.

batch — **1)** пакет. ♦ Совокупность данных, обрабатываемых как единое целое; **2)** программный пакет. ♦ Группа программ, выполняемая в пакетном режиме.

batch (BAT) file — BAT-файл, командный файл. ♦ Неформатированный текстовый файл, который содержит одну или более команд: внутренние команды операционной системы либо имена программ. Этот файл — исполняемый и может быть запущен с командной строки.

BBS — электронная доска объявлений. *См. bulletin-board system.*

BCD — двоично-кодированная десятичная (форма). *См. binary coded decimal.*

BCP — программа для копирования больших объемов данных. *См. bulk copy program.*

BDC — резервный контроллер домена. *См. backup domain controller.*

beacon — «маяк». ♦ Специальный сигнал в локальной сети, посылаемый узлом сети и указывающий на наличие серьезной проблемы (повреждения).

beta testing — бета-тестирование. ♦ В разработке программного обеспечения — тестирование разработанного программного обеспечения, предназначенное для выявления ошибок. *См. alfa testing.*

bezier curve — кривая Безье. ♦ Полиномиальная кривая для аппроксимации кривой по заданным опорным точкам; используется в графических программах и системах автоматизированного проектирования САПР (CAD).

BFC — код двоичного файла. *См. binary file code.*

big-endian — адресация к старшему байту, метод «тупоконечников» (заимствовано из «Путешествий Гулливера» Дж. Свифта). ♦ Один из двух способов установления старшинства байтов памяти, используемых различными типами электронно-вычислительных машин. При адресации к старшему байту адрес указывает на наиболее значимый байт в слове. ЭВМ Motorola 680×0 могут служить примером машин с такой адресацией. *См. little-endian.*

binary coded decimal — или BCD, двоично-кодированная десятичная (форма). ♦ Форма представления десятичных чисел, в которой каждое десятичное число представлено группой из четырех двоичных разрядов (единиц или нулей). *См. EBCDIC.*

binary counting system — двоичная система счисления. ♦ Система счисления с основанием 2, использующая в качестве знаков 1 и 0.

binary large object — или BLOB, или binary data object, большой двоичный объект. ♦ Например, битовый массив. Большой двоичный объект характеризуется большими размерами полей, непредсказуемыми размерами таблиц и т.д.

binary data object — двоичный объект. *См. binary data object.*

binary file — бинарный (двоичный) файл. ♦ Файл, состоящий из двоичных данных или исполняемого кода. Например, исполняемый файл C++ представляет собой бинарный файл.

binary file code — код двоичного файла. *См. binary file.*

binary mode — двоичный режим. ♦ Режим операций ввода-вывода файла, в отличие от текстового режима. *См. text mode.*

binary resource file — компилированный файл ресурса. *См. compiled resource (RES) file.*

binary synchronous communication — или BSC, двоичная синхронная связь. ♦ Синхронный протокол, использовался в больших ЭВМ.

binding — **1)** установление связи, присвоение значений. ♦ Установление связи между двумя элементами информации, чаще всего установление связи между именем (константы, переменной и т.д.) и некоторой описательной информацией (такой как адрес, тип данных, действительное значение); **2)** привязка. ♦ В сетях передачи данных — привязка сетевого протокола или сетевой службы к драйверу платы сетевого адаптера; **3)** компоновка модулей. ♦ Построение загрузочного модуля из объектных модулей; **4)** установление связи. ♦ В технологии OLE — процесс перевода объекта составного документа в рабочее состояние, в котором он может быть активизирован.

BIOS — или basic input/output system, базовая система ввода-вывода. ♦ Хранящееся в ПЗУ программное обеспечение, обеспечивающее управление адаптерами внешних устройств, экранные операции, тестирование и начальную загрузку.

bit field — поле битов. ♦ Элемент структуры данных или записи, размер которого задан явным образом в битах, а не косвенно через тип данных.

bits per pixel — или BPP, число битов на элемент изображения. ♦ Характеристика палитры изображения; количество битов, используемых для представления цвета или оттенка (плотности) каждого элемента в битовом массиве изображения. Чаще всего используются следующие значения BPP: 1 (монохромное изображение), 2 (соответствует 4 цветам или оттенкам серого), 4 (16 цветов или оттенков серого), 8 (256 цветов или оттенков серого), 16 (16 536 цветов), 24 (16 777 216 цветов).

bits per second — или BPS, битов в секунду. ♦ Количество битов, передаваемых в системе передачи данных за одну секунду, единица измерения скорости передачи данных устройством и пропускной способности системы.

bitmap — **1)** или pixel image, pixel map, битовый массив, растр. ♦ Представление знаков или графических изображений в виде массива битов, содержащего данные, описывающие цвет каждой точки изображения; **2)** буфер изображения. ♦ Система битовых массивов, которая представляет в памяти изображение, которое можно вывести на экран или распечатать. *См. bitmap (BMP) file.*

bitmapped graphics — или raster graphics, растровая графика. ♦ Построение изображений с помощью битовых массивов.

bitmap (BMP) file — растровый файл. ♦ Файл, содержащий информацию о разрешающей способности устройства, на котором был создан битовый массив изображения, о размерах изображения, размерах битового массива, доступной палитре цветов, а также массив, устанавливающий отношение между каждым элементом изображения и цветом палитры.

bitmap font — растровый шрифт. *См. raster font.*

bitmap stretching mode — режим изменения масштаба битового массива. ♦ Режим, определяющий порядок удаления или введения новой информации в битовый массив изображения для его сжатия или расширения. В одном из режимов сжатия битового массива, например, сохраняются черные элементы при удалении цветных и белых элементов.

bit specification — битовая спецификация. ♦ Количество цветов или оттенков серого, которое может быть изображено на экране, определяется объемом памяти платы графического контроллера.

bit stuffing — вставка бита. ♦ В передаче данных — метод обнаружения ошибок, вставка нулевого бита для того, чтобы выявить случаи появления в данных последовательностей, содержащих более пяти нулей подряд.

bitwise operator — поразрядный оператор. ♦ Оператор, который работает с каждым отдельным разрядом его операндов, например поразрядный оператор НЕТ (~) работает так: ~1010 = 0101.

BLOB — 1) или binary data object, большой двоичный объект. *См. binary large object;* 2) BLOB. ♦ Ключевое слово, обозначающее BLOB-структуру, содержащую информацию о блоке данных.

blue screen — «синий экран». ♦ Имеется в виду ситуация аварийной остановки Windows NT, когда работа операционной системы полностью прерывается и информация о стоп-ошибке выводится на текстовый экран с синим фоном. *См. fatal error.*

BNC connector — или Bayonet Neill Concelman, соединитель типа BNC. ♦ Соединитель, используемый для подключения коаксиального кабеля к электронному оборудованию.

BOF — или beginning of file, начало файла. ♦ Признак начала файла.

BOND — пропускная способность по заказу. *См. bandwidth on demand.*

bookmark — «закладка». ♦ **1)** Маркер, однозначно определяющий запись или строку в базе данных, строку в исходной программе, пункт или местоположение в текстовом файле. В языке HTML эквивалентом закладки является якорь (anchor); **2)** В программе — обозревателе Netscape — специально помеченная страница, которая может понадобиться пользователю впредь. В Internet Explorer аналогом закладки является избранная страница (favorite).

Boolean — булев, логический.

Boolean algebra — булева, логическая алгебра. ♦ Двоичная алгебра, использующая логические операторы, результаты действий которых выражены в логических величинах.

Boolean expression — булево, логическое выражение. ♦ Выражение булевой алгебры.

Boolean operator — логический, булев оператор. ♦ Знак логической операции (И, ИЛИ, НЕТ, ИЛИ-НЕТ и т.д.).

Boolean value — логическая величина, булева величина. ♦ Значение, которое может принимать логическое выражение (значение «ИСТИННО» или «ЛОЖНО»).

Boolean variable — логическая, булева переменная.

BOOTP — протокол начальной загрузки. *См. bootstrap protocol.*

bootstrap protocol — или BOOTP, протокол начальной загрузки. ♦ Сетевой протокол, входящий в состав набора протоколов TCP/IP, используется для конфигурации компьютеров в сети. Определен в документах RFC 951 и RFC 1542.

bottleneck — «узкое место». ♦ Компонент системы, который ухудшает работу всей системы или снижает скорость ее работы.

bounding box — ограничивающий прямоугольник. *См. bounding rectangle.*

bounding rectangle — или bounding box, ограничивающий прямоугольник. ♦ Прямоугольник, описанный вокруг округлых фигур или кривых типа эллипсов, дуг и т.д. (стороны прямоугольника являются касательными к кривым).

BPP — битов на элемент изображения. *См. bits per pixel.*

BPS — битов в секунду. *См. bits per second.*

breakpoint — точка прерывания, контрольная точка. ♦ Место в программе, на котором временно прерывается ее выполнение, чтобы позволить разработчику проверить код программы, значения переменных, сделать изменения, если необходимо, и решить, возобновить или остановить выполнение программы.

BRI — базовый интерфейс. *См. basic rate interface.*

bridge — «мост». ♦ Устройство для соединения сегментов сети на канальном уровне модели OSI; мост считывает, сохраняет и передает данные от одного сегмента к другому таким образом, что эти сегменты выглядят как одна сеть для уровней, более высоких, чем канальный. *См. data link layer.*

brightness — яркость. ♦ Характеристика элемента изображения, представляющая значение по шкале от черного до белого.

broadband — широкополосный кабель. ♦ Коаксиальный кабель, позволяющий передавать несколько каналов одновременно.

broadcast messages — широковещательные сообщения. ♦ Сообщения, адресуемые всем компьютерам локальной сети.

b-router — мост-маршрутизатор. ♦ Устройство, объединяющее функции моста и маршрутизатора, используется для соединения двух сегментов сети и подключения к Интернету. *См. bridge, router.*

browse — просматривать, листать.

browse buttons — кнопки просмотра. ♦ В диалоговых окнах — кнопки, позволяющие передвигаться вперед и назад по списку сетевых серверов, каталогов, файлов, справочных тем и т.д.

browse information (BSC) file — файл просмотра. ♦ Файл, созданный на основе программных файлов просмотра информации (с расширением SBR) с помощью утилиты сопровождения файлов просмотра информации Microsoft. С файлом просмотра обычно можно ознакомиться в окнах просмотра.

browser — **1)** обозреватель, браузер. ♦ Программа, используемая для просмотра HTML-документов. В терминологии «клиент/сервер» обозреватель выступает в роли приложения — клиента для Web-серверов; **2)** программа просмотра. ♦ В системах программирования с многооконным доступом — средства, позволяющие просматривать в выделенных окнах текстовые представления программ и данных.

brush — «кисть». ♦ Графический объект в программировании Windows, используемый для закрашивания площадей, ограниченных различными фигурами и линиями. Кисть представляет собой битовый массив размером 8×8 элементов изображения.

BSC — двоичная синхронная связь. *См. binary synchronous communication.*

BSD UNIX — версия операционной системы UNIX, разработанная Berkley Software Design Incorporated.

buffer — **1)** буферное запоминающее устройство, буфер. ♦ Промежуточное место хранения данных, специально выделенная область памяти, в которой данные временно хранятся, ожидая окончательного перевода в другую область памяти или на другое запоминающее устройство; **2)** буферизация. ♦ Операция перевода данных в буфер; **3)** буфер. ♦ В MS-DOS — область оперативной памяти объемом 512 байт, отводимая для временного хранения данных с одного сектора диска перед их обработкой центральным процессором; количество буферов определяется командой BUFFERS файла CONFIG.SYS.

build — **1)** сборка. ♦ Процесс компиляции и загрузки исходной программы для получения исполняемой программы, библиотеки, справочного файла или других динамических файлов; **2)** собирать, выполнять сборку.

build tag — сборочная метка. ♦ Строка, отмечающая тему, которая по указанию справочного файла проекта (Help project file) может быть включена или не включена в сборку.

bulk copy program — или BCP, программа для копирования больших объемов данных. ♦ Утилита, используемая для копирования больших объемов данных в языке SQL.

bulk data encryption — шифрование всех данных. ♦ При передаче данных по сети — шифрование всех передаваемых данных с использованием одного ключа.

bulk RFX — или bulk record field exchange, обмен большим количеством полей. ♦ Механизм обмена большим количеством записей между полями записей во внешней базе данных и полями локальных записей (в ODBC). *См. RFX.*

bulk row fetching — считывание большого числа строк. ♦ В ODBC — процесс одновременного считывания многих строк из исходной базы данных с помощью одной операции выборки (считывания).

bulletin-board system — или BBS, электронная доска объявлений. ♦ Общедоступный файловый сервер, используемый для обмена информацией, чтения, пересылки файлов.

bus — **1)** шина, канал передачи данных; **2)** шина. ♦ Простейшая линейная схема построения локальной сети.

business integrity — целостность деловых принципов. ♦ Деловой стандарт, относящийся к процедурам обработки информации и управления базами данных на предприятии, требующий соблюдения ряда установленных правил. Например, правилами не допускается возможность открыть дебет без соответствующего кредита или возможность удаления записи активного клиента.

button control — клавиша управления. ♦ Графическое средство управления, дающее пользователю возможность взаимодействовать с прикладной программой, вводить команды.

byte — байт. ♦ Единица информации, состоящая из 8 битов, обрабатываемых как одно целое; наименьшая адресуемая единица информации.

byte code — байтовый код. ♦ Исполнимая форма кода на языке Java, исполняемая в среде виртуальной машины Java.

byte ordering convention — правило, устанавливающее старшинство разрядов в группе байтов. *См. big-endian, little-endian.*

C

C calling convention — правила вызова функции в языке С. ♦ Стандарт языка С, определяющий продвижение аргументов в стек справа налево, в порядке, обратном тому, в котором аргументы появляются в списке аргументов. *См. calling convention.*

C source (C) file — программный файл С. ♦ Текстовый файл, содержащий исходный код программы на языке С.

C++ exception handling — обработка аномальных (исключительных) ситуаций в языке С++. ♦ Встроенная программа поддержки, позволяющая обрабатывать аномальные ситуации, которые могут возникнуть по ходу выполнения программы.

C++ header file — или HXX file, файл заголовка С++. ♦ Файл с расширением HXX, внешний программный файл, указываемый в начале программы на языке С++, который содержит основные типы данных и переменные, используемые функциями в программе.

C++ source file — или CXX file, программный файл С++. ♦ Файл с расширением CXX, тестовый файл, содержащий исходный код С++.

cache — **1)** буфер, кэш-память. ♦ Часть оперативной памяти, специально отведенная для хранения часто используемых данных, обеспечивающая быстрый доступ к ним; **2)** сверхоперативная память, кэш-память. ♦ Оперативная память, встраиваемая в микропроцессор или контроллер диска для ускорения доступа к данным.

cache consistency — согласованность кэш-памяти. ♦ Характеристика кэш-памяти, показывающая, насколько данные в кэш-памяти совпадают с текущими значениями исходных данных.

CAD — система автоматизированного проектирования, САПР. *См. computer-aided design.*

call level interface — или CLI, интерфейс уровня вызова функции. ♦ Библиотека вызовов функции, обслуживающих операторы языка SQL. Эти вызовы обычно используются для динамического доступа к данным, примером интерфейса уровня вызова служит ODBC.

call stack — список вызовов. ♦ Список функций, которые были вызваны, но выполнение которых не завершено. Список вызовов используется при отладке программы.

call-back modem — модем с обратным вызовом. ♦ Модем, который при приеме звонка от удаленного пользователя прерывает связь и «перезванивает» этому пользователю для его аутентификации.

callback function — косвенно-вызываемая функция. ♦ Определенная в приложении функция, которую вызывает система или подсистема (например, Windows).

calling convention — правила вызова функции. ♦ Набор правил, определяющих 1) порядок продвижения в стек (последовательность вызова) аргументов, передаваемых функциям; 2) которая из функций — вызывающая или вызываемая — удаляет аргументы из стека; 3) правила присвоения имен для компилятора.

calling sequence — последовательность вызова. ♦ Последовательность, которая определяет порядок, в котором параметры продвигаются в стек во время вызова функции.

card information structure — или CIS, информационная структура платы. ♦ Информационная структура (номер платы) сетевого адаптера, служащая уникальным идентификатором этого устройства в локальной сети.

caret — **1)** или insertion point — точка вставки. ♦ Мерцающая линия, квадрат или символ, обозначающий место в рабочей области окна, в котором должен появиться вставленный текст; **2)** символ (^). ♦ Если этот символ стоит перед отдельно стоящей прописной буквой, он обозначает управляющий символ CTRL, например запись ^C означает то же, что и CTRL+C. Символ (^) — общепринятое обозначение конца строки или исключения, если он используется внутри скобок.

carriage-return character — символ «возврата каретки». ♦ Символ, который заставляет компьютер или принтер вернуться к началу строки, в которой этот символ стоит. В различных платформах этот символ имеет различное текстовое представление, но его величина согласно коду ASCII всегда равна 13.

carriage return-linefeed (CR-LF) — пара символов «возврат каретки»-«перевод строки». ♦ Комбинация символов «возврат каретки» (ASCII значение 13) и «перевод строки» (ASCII значение 10), означающая начало новой строки. В языках C/C++ представлена символом новой строки (\n).

Cartesian product — декартово произведение. ♦ В языке SQL — вид объединения, результат которого представляет собой все возможные комбинации строк обеих таблиц, участвующих в объединении.

cascading — каскадное соединение. ♦ Соединение компонентов сети или сетей, при котором выход одного компонента служит входом другого.

cascading delete — каскадное удаление. ♦ В реляционных базах данных — операция удаления записи, при которой удаляются и все связанные с нею записи.

cascading update — каскадная модификация. ♦ В реляционных базах данных — операция модификации записи, при которой модифицируются и все связанные с нею записи.

CASE — автоматизированная система разработки программ. *См. computer-aided software engine.*

casting — приведение типов. ♦ Явное или неявное преобразование одного типа данных в другой.

catastrophic error — неисправимая ошибка. *См. fatal error.*

catch block — или catch handler, блок захвата. ♦ В языке C++ — блок кода обработки особой ситуации, следующий сразу за ключевым словом. Блок захвата обрабатывает только особые ситуации определенного (для этого блока) типа.

category 3 UTP — или category 3 unshielded twisted pair, неэкранированная витая пара категории 3. ♦ Стандартный кабель, используемый, в основном, для передачи телефонного сигнала. Такой кабель используется, например в локальных сетях 10Base-T.

category 4 UTP — или category 4 unshielded twisted pair, неэкранированная витая пара категории 4. ♦ Стандартный кабель для локальных сетей.

category 5 UTP — или category 5 unshielded twisted pair, неэкранированная витая пара категории 5. ♦ Стандартный кабель для передачи данных с высокой скоростью. Кабель категории 5 может использоваться в локальных сетях со скоростью передачи до 100 Мбит/с. Системы передачи данных TP-PMD используют, в основном, кабель категории 5.

CAV — постоянная угловая скорость. *См. constant angular velocity.*

CCIT G.711 — кодек, разработанный Microsoft. Программа кодирования-декодирования, обеспечивающая совместимость североамериканских телефонных стандартов с европейскими.

CCITT — или Comité Consultatif Internationale de Télégrafie et Téléfonie, Международный консультативный комитет по телефонии и телеграфии, МККТТ. С 1992 года носит название ITU-T и является подразделением ITU (International Telecommunications Union). *См. ITU-T.*

CCITT X.3 — протокол CCITT X.3. ♦ Протокол для формирования и разборки пакетов в сетях передачи данных общего пользования.

CCITT X.25 — протокол CCITT X.25. ♦ Протокол, определяющий передачу пакетов данных по сетям общего пользования. Этот протокол соответствует первым трем уровням модели взаимодействия открытых систем (OSI). *См. X.25.*

CCITT X.28 — протокол CCITT X.28. ♦ Протокол, определяющий работу интерфейса между оборудованием обработки данных (компьютером, терминалом) и оборудованием передачи данных (модемом) в сети передачи данных общего пользования.

CCITT X.75 — протокол CCITT X.75. ♦ Протокол, определяющий процедуры управления в международных сетях передачи данных, объединяющих различные сети коммуникации пакетов.

CCITT X.400 — протокол CCITT X.400. ♦ Набор протоколов, определяющих работу электронной почты. *См X.400.*

CCITT X.500 — протокол CCITT X.500. ♦ Набор протоколов для доступа к каталогам в сети Интернет, стандарт для всемирных служб каталогов. *См. X.500.*

CD — компакт-диск. *См. compact disk.*

CD-I — или compact disk interactive, интерактивный компакт-диск. ♦ Формат компакт-дисков, разработанный компаниями NV Philips и Sony Corporation, позволяющий хранить на компакт-дисках звуковую информацию, цифровые данные, неподвижные графические изображения и видеоизображения невысокого качества.

CD-ROM — или compact disk read only memory, постоянное запоминающее устройство на компакт-диске. ♦ Разработано компаниями NV Philips и Sony Corporation.

CD-ROM file system — или CDFS, файловая система компакт-диска. ♦ Виртуальная файловая система, создаваемая в кэш-памяти компьютера для считывания информации с компакт-диска.

CD-ROM XA — compact disk read only memory extended architecture, постоянное запоминающее устройство расширенной архитектуры на компакт-диске. ♦ Расширенная архитектура позволяет добавить звуковой сигнал, кодированный с помощью адаптивной кодовой модуляции разностного сигнала (ADPCM), а также сигнал звуковой синхронизации к видеосигналу для воспроизведения озвученного видеоизображения.

CDDI — или copper data distribution interface, стандарт CDDI, интерфейс передачи данных в сети, использующей медный кабель. ♦ Набор протоколов передачи данных в сети, использующей витой медный кабель. Позволяет достичь скорости передачи данных до 100 Мбит/с. *См. FDDI.*

CDFS — или CD-ROM file system, файловая система компакт-диска. *См. CD-ROM file system.*

CDTV — система мультимедиа, производимая фирмой Commodore. *См. Commodore Dynamic Total Vision.*

cell — **1)** ячейка памяти. ♦ Элементарная адресуемая единица запоминающего устройства или регистр; **2)** посылка. ♦ 53-битный пакет данных, основной элемент передачи данных в режиме асинхронной пересылки данных (ATM); **3)** ячейка электронной таблицы. ♦ Например, в электронной таблице Microsoft Excel.

cell switching — коммутация посылок. ♦ Термин, относящийся к ATM. *См. cell 2.*

centralized file server — централизованный файловый сервер.
♦ Файловый сервер, предоставляющий услуги всем рабочим станциям локальной сети.

CERN proxy protocol — или standard proxy protocol, протокол прокси-сервера CERN, стандартный протокол прокси-сервера.
♦ Распространенный промышленный стандарт, описывающий работу прокси-сервера в сетях, использующих протокол HTTP. Протокол разработан Европейской лабораторией ядерных исследований (CERN), Швейцария. *См. proxy server.*

CGA — или color graphics adapter, стандарт для видеосистем с разрешающей способностью 640×200 для монохромного изображения и 320×200 для цветного (2 бита на точку) изображения, разработанный для первых персональных компьютеров IBM в 1981 году. *См. bit per pixel.*

CGI — общедоступный шлюзовый интерфейс. *См. common gateway interface.*

CGM — метафайл компьютерной графики. *См. computer graphics metafile.*

challenge-handshake authentication protocol — или CHAP, протокол аутентификации по методу «вызов-рукопожатие».
♦ Протокол аутентификации в интегрированной сети передачи данных ISDN, в котором устройства на обоих концах канала связи обмениваются присвоенными им секретными кодами.

challenge-response authentication protocol — протокол аутентификации по методу «вызов-отклик». ♦ Протокол аутентификации пользователя, в котором сервер использует алгоритм «вызов-отклик» и меры безопасности, предусмотренные Windows NT, для контроля за доступом к ресурсам.

changeable value — изменяемая величина. ♦ Величина, которая может быть изменена, в отличие от постоянной, или фиксированной величины.

CHAP — протокол аутентификации по методу «вызов-рукопожатие». *См. challenge-handshake authentication protocol.*

character constant — знаковая константа. ♦ Константа, которой присвоено значение ограниченной кавычками знаковой строки, состоящей из группы символов.

character index — индекс символа. ♦ Порядковый номер символа.

character string — знаковая строка. ♦ Группа знаков, которую программа воспринимает как единый элемент. Знаковые строки могут включать в себя знаки препинания и пробелы и обычно выделяются с двух сторон кавычками.

character based interface — текстовый интерфейс. ♦ Традиционный интерфейс пользователя, в котором вся информация представлена на экране в виде текстовых знаков. *См. graphical user interface.*

character-mode application — приложение для текстового режима. ♦ Приложение, которое не имеет графического интерфейса пользователя. *См. character based interface.*

checkpoint — контрольная точка. ♦ Точка выполнения процесса, в которой сохраняется вся информация, необходимая для его повторного запуска с этой точки.

checksum — контрольная сумма. ♦ Элемент метода обнаружения ошибок, заключающегося в вычислении суммы битов в последовательности байтов данных и использовании этой суммы впоследствии для проверки, не изменились ли данные.

child control — дочерний элемент управления. ♦ Дочернее окно, используемое родительским окном для решения простых задач ввода-вывода.

child process — дочерний процесс. ♦ Процесс, инициированный другим (родительским) процессом. Дочерний процесс может выполняться независимо от родительского. Более того, завершение или отмена родительского процесса может не оказывать влияния на выполнение дочернего процесса. *См. parent process.*

child window — дочернее окно. ♦ Окно со стилем WS_CHILD или WS_CHILDWIN, ограниченное рабочей областью родительского окна. *См. parent window.*

chrominance — цветность. ♦ В системах мультимедиа — цветовая составляющая видеосигнала. Цветность характеризуется двумя величинами — цветовым тоном и насыщенностью.

CICS — пользовательская информационная система управления. *См. customer information control system.*

CIE — или Commission International de l'Eclairge, Международная комиссия по освещенности. ♦ Комиссия, разрабатывающая системы цветопередачи, используемые в мультимедиа.

Cinepak — торговая марка программного обеспечения для кодирования-декодирования видеосигнала, выпускаемого по лицензии компании Supermac и обеспечивающего достаточно высокое качество изображения — обычно с разрешающей способностью 320×240 элементов изображения, 15 кадров в секунду или выше.

CIS — информационная структура платы. *См. card information structure.*

CL — или compiler-linker driver, драйвер компилятора/компоновщика. *См. CL.EXE.*

CL environment variable — переменная режима компилятора/компоновщика. ♦ Используется для определения файлов и параметров драйвера компилятора/компоновщика, что позволяет не определять эти файлы или параметры в командной строке.

CL.EXE — или CL, compiler-linker driver, драйвер компилятора-компоновщика. ♦ Программа-драйвер, управляющая работой компиляторов и компоновщиков в языках С и С++.

cladded fiber — оптический кабель с плакированным волокном. ♦ Оптический кабель, в котором волокно покрыто стеклянной оболочкой.

class — класс. ♦ Тип данных, определяющий свойства входящих в него объектов.

class declaration — описание класса. ♦ В языке С++ — описание структуры данных, составляющих класс.

class identifier — или CLSID, идентификатор класса. ♦ Универсальный уникальный идентификатор, определяющий тип объекта связи и внедрения (OLE). Каждый тип этих объектов имеет свой идентификатор класса, который может использоваться другим приложением.

class library — библиотека классов. ♦ Набор классов, которые могут быть использованы прикладными программами. Примером библиотеки классов может служить библиотека Microsoft Foundation Class.

class method — метод классов. ♦ В языке Java — любой метод, который может быть вызван с помощью имени класса.

class scope — область видимости класса. ♦ В языке С++ — область видимости, отводимая некоторому имени (например, функции или переменной), когда это имя указывается в описании класса.

class variable — переменная типа «класс». ♦ Переменная в языке Java, относящаяся к целому классу, а не к частным случаям этого класса.

Class Wizard (CLW) file — файл, генерируемый программой Class Wizard и содержащий информацию, необходимую для редактирования существующих классов и создания новых классов в проекте.

clear-text authentication — открытый метод аутентификации. *См. basic (clear-text) authentication.*

CLI — интерфейс уровня вызова функции. *См. call level interface.*

client — клиент. ♦ Прикладная программа или процесс, запрашивающий услуги сервера.

client application — 1) приложение-клиент. ♦ Приложение Windows, которое может принимать, хранить и выводить на экран объекты OLE, предоставляемые приложением-сервером; 2) приложение-клиент. ♦ В DDE — приложение, которое начинает диалог обмена. *См. DDE, OLE.*

client area — или client rectangle, рабочая область. ♦ Часть окна, в которой приложение выводит на экран данные в текстовом или графическом виде.

client coordinates — рабочие координаты. ♦ Пара прямоугольных координат, определяющих положение точки в рабочей области окна относительно начала отсчета, обычно расположенного в вершине левого верхнего угла рабочей области окна.

client rectangle — рабочая область. *См. client area.*

client/server — 1) клиент/сервер. ♦ Наиболее часто используемая модель распределенной обработки данных в среде со многими пользователями. Основная обработка данных в такой модели выполняется приложением-сервером, которое обычно установлено на более мощном и быстродействующем компьютере. Приложение-клиент передает запросы пользователя серверу, принимает и отображает результаты запросов; 2) «клиент/сервер». ♦ Модель архитектуры локальной сети, в которой клиенты начинают сеанс связи с сервером. В роли клиента могут выступать, например, рабочие станции, обращающиеся к файловому серверу.

clip path — штамп для вырезания, лекало. ♦ Графический объект, который приложение может выбрать в качестве контекста устройства. Штамп для вырезания всегда создается самим приложением и используется для вырезания одной или нескольких нестандартных геометрических фигур.

clipboard — 1) буфер обмена. ♦ В системах непосредственного взаимодействия — буфер для вырезанного изображения, которое может быть преобразовано и вставлено в то же окно или в окно, управляемое другой прикладной программой; 2) буфер обмена. ♦ Область памяти операционной системы Windows, служащая для временного хранения данных при их передаче между различными частями документа, разными документами, окнами или приложениями.

clipboard format — формат буфера обмена. ♦ Формат объекта, помещаемого в буфер обмена. Приложения Windows могут использовать стандартные форматы буфера обмена, имеющиеся у Windows, или создавать свои специальные форматы. *См. clipboard.*

clipboard owner — или owner application, владелец буфера обмена. ♦ Приложение, к которому относится информация, занесенная в буфер обмена.

clipboard viewer — окно буфера обмена. ♦ Приложение Windows, служащее для просмотра информации, занесенной в буфер обмена.

clipboard-viewer chain — связь окон просмотра. ♦ Связь между всеми работающими приложениями просмотра содержимого буферов обмена, позволяющая всем этим приложениям принимать сообщения, которые операционная система Windows передает исполняемому в данный момент приложению.

clipping — обрывание, отсечение. ♦ Отсечение частей изображения или текста, выходящих за пределы рабочей области окна.

clipping precision — точность округления. ♦ 16-битная величина, определяющая порядок отсечения знаков текста, частично выходящих за пределы рабочего окна.

clipping region — область вставки «вырезок». ♦ В Windows часть рабочей области окна, где система разрешает вставлять изображения-«вырезки».

clock speed — частота синхронизации. ♦ Частота сигнала, вырабатываемого генератором синхроимпульсов центрального процессора.

CLSID — идентификатор класса. *См. class identifier.*

clustered index — кластерный индекс. ♦ Индекс, для которого совпадают физический порядок следования записей в таблице и логический порядок индекса. В таблице может существовать только один кластерный индекс.

CLV — постоянная линейная скорость. *См. constant linear velocity.*

CMIP — общий протокол управления передачей информации. *См. common management information protocol.*

CMIP over TCP/IP — или CMOT, общий протокол управления передачей информации (CMIP), работающий через TCP/IP. ♦ Альтернатива протоколу SNMP.

CMOS RAM — или complementary metal-oxide-semiconductor random access memory, ОЗУ на комплиментарной МОП-структуре. ♦ Микросхема оперативного запоминающего устройства, основанная на комплиментарной полупроводниковой структуре металл-оксид, обеспечивающей высокую скорость и очень низкое потребление энергии, часто используется в схеме задающего генератора компьютера.

CMOT — общий протокол управления передачей информации, работающий через посредство TCP/IP. *См. CMIP over TCP/IP.*

CMYK (Cyan, Magenta, Yellow, blacK) — синий, красный, желтый, черный. ♦ Четыре основных цвета, используемые для печати цветными принтерами.

code page — кодовая страница. ♦ Начиная с версий MS-DOS 3.3 и Microsoft Windows 3.0 — таблица, определяющая связь между клавишами клавиатуры и знаками, появляющимися на экране, которая позволяет таким образом использовать различные наборы знаков и раскладки клавиатуры. Набор знаков и раскладку клавиатуры, принятую в США, определяет кодовая страница 437, российская кодовая страница для MS-DOS — 866, российская кодовая страница для Windows — 1251.

codec — кодек. ♦ Программа кодирования-декодирования, программное обеспечение, выполняющее кодирование и декодирование сигналов цифрового видео и высококачественной звукозаписи.

COFF — общий формат объектных файлов. *См. common object file format.*

collapsed backbone — усеченное звено. ♦ Высокоскоростное звено локальной сети, служащее для подключения рабочих станций сети к маршрутизатору.

collection class — собирательный класс. ♦ В объектно-ориентированном программировании — класс, который может содержать и обрабатывать группы объектов класса. Собирательный класс характеризуется способом организации и хранения объектов, а также типами его элементов.

color cycling — циркуляция цветов. ♦ Способ симуляции движения в видеоизображении при помощи смены цветов.

color keying — цветовое кодирование. ♦ Наложение одного видеоизображения на другое для создания специальных эффектов в системах мультимедиа.

color palette — цветовая палитра. ♦ Массив, содержащий значения красной, зеленой и синей цветовой составляющих (RGB), которые могут быть выведены на экран выходного устройства (монитора).

column — столбец. ♦ Набор всех записей таблицы, имеющих общий атрибут.

COM — объектная модель Microsoft. *См. component object model.*

combo-box control — комбинированное окно управления. ♦ В Windows — дочернее окно, которое представляет собой либо окно с некоторым списком, либо строку редактирования, позволяющую выбрать нужный пункт из списка.

COMDAT record — или common data record, общая запись данных. ♦ Запись в общем формате объектных файлов (COFF).

command identifier — или command ID, идентификатор команды. ♦ В MFC — идентификатор, связывающий командное сообщение с объектом интерфейса пользователя, генерировавшим эту команду, например с пунктом меню, кнопкой на панели инструментов или командной клавишей.

command interface — командный интерфейс. ♦ Интерфейс пользователя, который воспринимает команды от пользователя в виде командных строк. *См. character based interface.*

command line — командная строка. ♦ Строка или текст, определяющий задачу, которая должна быть выполнена операционной системой или прикладной программой.

command message — командное сообщение. ♦ В Windows — сообщение, исходящее от объекта интерфейса пользователя, такого как меню, панель инструментов, командная клавиша. Порядок обработки командных сообщений операционной системой отличается от порядка обработки других сообщений.

command prompt — или MS-DOS prompt, приглашение к вводу команды. ♦ Сочетание экранных символов, такое как C:\>, приглашающее пользователя ввести команду.

comment delimiters — знаки выделения комментариев, разделители. ♦ Знаки, используемые для выделения комментариев — частей текста программы, которые не являются частью кода.

commit rate — скорость добавления. ♦ Скорость, с которой объекты или унифицированные адресаторы ресурсов (URL) добавляются в кэш-память.

commit size — выделенный ресурс. ♦ Объем памяти, выделенный для определенного использования (решения задачи).

Commodore Dynamic Total Vision — или CDTV, система мультимедиа, производимая фирмой Commodore. ♦ Система включает в себя ПЗУ и проигрыватель на компакт-дисках, центральный процессор Motorola 68000, ОЗУ емкостью 1 Мбайт и устройство дистанционного управления.

common dialog box — стандартное диалоговое окно. ♦ Диалоговое окно, предназначенное в Windows для выполнения стандартных операций; например окно, возникающее по команде меню Файл|Открыть (File|Open).

common gateway interface — или CGI, общедоступный шлюзовый интерфейс. ♦ Программный интерфейс, выполняющий роль шлюза и позволяющий Web-серверу исполнять программу на сервере, а затем передавать результат программе — обозревателю Web.

common management information protocol — или CMIP, общий протокол управления передачей информации. ♦ Протокол модели OSI, относящийся к управлению оборудованием, включенным в сеть. Не нашел широкого применения.

common object file format — или COFF, общедоступный формат объектных файлов. ♦ В 32-разрядном программировании — формат исполняемых и объектных файлов, пригодный для всех 32-разрядных операционных систем.

common object request broker architecture — или CORBA, общедоступная архитектура с посредником при запросе объекта. ♦ Спецификация, определяющая интерфейс для взаимодействия OMG-объектов. *См. OMG, object request broker.*

compact disk — или CD, компакт-диск. ♦ Стандартное средство для хранения цифровой информации, считываемой лазерным устройством.

compact executable (COM) file — компактный исполняемый файл с расширением COM. ♦ Двоичный файл MS-DOS, объем которого не превышает 64 Кбайт, обычно используется для программ-утилит и коротких процедур.

compilation — компиляция. ♦ Перевод программы с языка программирования на язык машинных команд и создание объектного кода.

compile time — время компиляции. ♦ Количество времени, необходимое для выполнения компиляции программы. *См. compilation.*

compile-time error — ошибка во время компиляции. ♦ Семантическая или синтаксическая ошибка, не позволяющая полностью выполнить компиляцию программы. *См. compilation.*

compiled resource (RES) file — или binary resource file, компилированный файл ресурса. ♦ Двоичный файл, содержащий ресурс прикладной программы Windows, созданный компилятором ресурса на основе файла определения ресурса с расширением (RC). *См. compilation.*

compiler — компилятор. ♦ Программа, выполняющая компиляцию. *См. compilation.*

compiler directive — директива для компилятора. *См. preprocessor directive.*

compiler-linker driver — или CL, драйвер компилятора-компоновщика. *См. CL.EXE.*

complete object — завершенный объект. ♦ Объект производного класса, из которого не могут быть получены никакие другие классы.

complex relation — сложное отношение. ♦ В реляционных базах данных — отношение между более чем двумя объектами.

complex type — составной тип. *См. aggregate object.*

component object model — или COM, модель компонентных объектов. ♦ Открытая архитектура, основанная на объектно-ориентированной технологии, предназначена для разработки приложений типа «клиент/сервер» на разных платформах. Модель, принятая Digital Equipment Corporation и Microsoft Corporation.

composite index — составной индекс. ♦ В реляционных базах данных — индекс, состоящий из двух или более столбцов.

composite video — составной видеосигнал. ♦ Видеосигнал, объединяющий сигналы яркости, цветности и синхронизации.

compositing — наложение. ♦ Процесс наложения одного изображения на другое для получения нового изображения.

compound document – **1)** или container document, составной документ, несущий документ, документ-контейнер. ♦ В приложении, являющемся клиентом OLE, — документ, содержащий данные другого формата, такие как звуковые вставки, электронные таблицы, битовые массивы; **2)** составной документ (файл). ♦ В системах мультимедиа — файл, объединяющий несколько видов представления информации — текст, графику, звук и видео. *См. OLE.*

compound file — составной файл. ♦ Применяемый в OLE способ структурированного хранения, представляющий собой объединение индивидуальных файлов в один физический файл (объект хранения) таким образом, чтобы обеспечивать доступ к каждому индивидуальному файлу. *См. OLE.*

compressed video — сжатый видеосигнал. ♦ Видеосигнал, переведенный с помощью одного из методов уплотнения в более компактную форму. *См. compression.*

compressed volume file — или CVF, сжатый файл. ♦ Файл сжатого тома системы DoubleSpace (DriveSpace).

compression — сжатие, уплотнение. ♦ Обработка данных с использованием различных алгоритмов, позволяющих уменьшить количество данных, необходимых для точного представления исходного содержания и, следовательно, уменьшить объем памяти, необходимый для хранения этих данных.

computer graphics metafile — или CGM, метафайл компьютерной графики. ♦ Стандартный формат файла для обмена графическими образами.

computer support collaboration — или CSC, совместная работа и поддержка компьютеров. ♦ Методика совместного использования групп компьютеров для повышения их производительности в системах мультимедиа, таких как системы для видеоконференций, видеопочты.

computer-aided design — или CAD, система автоматизированного проектирования, САПР.

computer-aided software engine — или CASE, автоматизированная система разработки программ. ♦ Программное обеспечение для разработчиков, выполняющее автоматизированный анализ, разработку и генерацию кода.

concatenation — объединение, конкатенация. ♦ Объединение нескольких выражений или файлов в один. Выражения могут включать в себя двоичные или знаковые строки, имена столбцов или комбинации строк или имен.

concentrator — концентратор. ♦ Устройство, позволяющее подключить несколько рабочих станций к локальной сети. В локальной сети Ethernet концентратор представляет собой просто многопортовый повторитель. В кольцевых сетях концентратор — это переключатель, который позволяет отключать индивидуальные устройства от сети, не нарушая работу кольца.

concurrency — параллельная работа. ♦ Совместное использование ресурсов несколькими пользователями или прикладными программами одновременно.

concurrency control — контроль за параллельной работой. В языке SQL — система управления, контролирующая одновременное выполнение нескольких транзакций в реляционных базах данных.

conditional expression — выражение условия, логическое выражение, выражение булевой алгебры. *См. boolean expression, logical expression.*

connection string — или connect string, соединительная строка. ♦ В ODBC — строка, используемая для подключения к внешней базе данных.

connection-oriented protocol — протокол, ориентированный на соединение. ♦ Протокол основан на следующих принципах: путь для пакетов данных устанавливается до начала соединения; необходимые для соединения ресурсы резервируются до начала соединения; ресурсы остаются зарезервированными в течение всего времени соединения; после завершения передачи данных соединение разрывается и выделенные ресурсы освобождаются. Примерами могут служить протоколы TCP и SPX.

connectionless protocol — протокол, не ориентированный на соединение. ♦ Протокол основан на широковещательном принципе передачи данных, не требующем подтверждения приема. Примером может служить протокол UDP.

connectivity — **1)** совместимость. ♦ Способность различных моделей компьютеров устанавливать соединение, взаимодействовать друг с другом; **2)** связность. ♦ Минимальное число ребер или вершин графа, удаление хотя бы одной из которых приводит к несвязному графу.

consistent — согласованный, непротиворечивый. ♦ О данных или о базе данных, содержащей правильные и непротиворечивые данные.

console — консоль, пульт оператора. ♦ Устройство, обеспечивающее ввод данных и вывод результатов прикладных программ в знаковом режиме.

console application — диалоговое приложение. ♦ Программа, которая выполняется с командной строки операционной системы и не имеет графического или оконного интерфейса.

constant — постоянная, константа. ♦ Переменная или объект в прикладной программе, значение которого не изменяется в течение жизненного цикла программы.

constant angular velocity — или CAV, постоянная угловая скорость. ♦ Название метода записи информации на лазерные видеодиски.

constant expression — постоянное выражение. ♦ В языках С и С++ — выражение, значение которого оценивается во время компиляции, а не во время исполнения программы.

constant linear velocity — или CLV, постоянная линейная скорость. ♦ Название метода записи лазерных дисков.

constraint — ограничения. ♦ Условия, ограничивающие значения, которые могут быть занесены в данный столбец таблицы базы данных, например в столбце «возраст» значение не может быть меньше 0 или больше 200.

constructor — конструктор. ♦ Функция — обязательный член класса в объектно-ориентированном программировании, описывающий порядок инициализации класса.

container application — или OLE container, несущее приложение OLE, контейнер OLE. ♦ Приложение, которое может включать в свой документ внедренные объекты.

container document — несущий документ, документ-контейнер. *См. compound document 1.*

contention network — конкурентная сеть, сеть с «соперничеством», в которой каждая станция перед началом передачи делает попытку захватить среду передачи.

context identifier — или ID, или context reference, идентификатор контекста, контекстная ссылка. ♦ Уникальный номер или строка, соответствующая определенному объекту в приложении, например команде в меню, форме, участку экрана. Идентификаторы контекста используются для создания связей между приложениями.

context number — номер контекста. ♦ Номер, используемый для нумерации тем в «Справке» Windows. Этот номер устанавливает соответствие между объектом в приложении Windows и темой в «Справке» Windows, которая будет вызвана, если пользователь нажмет клавишу F1.

context reference — контекстная ссылка. *См. context identifier.*

context string — строка контекста. ♦ Уникальная знаковая строка, выделенная другим цветом в «Справке» Windows и связанная с номером контекста в «Справке» Windows.

context switching — переключение контекста. ♦ Режим работы с несколькими задачами в стандартном режиме Windows, когда центральный процессор переключается от одной задачи к другой, а не выделяет время для каждой задачи по очереди.

continuous tone — непрерывный тон. ♦ Характеристика изображения, содержащего все градации серого цвета (от белого до черного).

contrast — контраст. ♦ Диапазон между наиболее светлым и наиболее темным тоном изображения.

control bar — линейка управления. ♦ Окно, которое может содержать кнопки, окна редактирования, отметки включенности опций или другие виды управления Windows.

control identifier — или ID, идентификатор управления. ♦ 16-разрядная величина — идентификатор подчиненного (дочернего) окна, используемый в сообщениях, которые поступают к родительскому окну, когда в дочернем окне происходят события, например ввод от пользователя.

control of flow language — язык управления потоком данных. ♦ Набор конструкций языка Transact SQL (таких как IF, ELSE, WHILE, GOTO и т.п.), дающих пользователю возможность осуществлять контроль за исполнением операторов языка Transact SQL.

conventional memory — обычная память. ♦ Физическая память персонального компьютера от 0 до 640 Кбайт. Термин имеет смысл для операционной системы MS-DOS и ее приложений.

convergence — сведение лучей (в мониторе). ♦ В мониторах типа RGB — сведение составляющих сигналов красного, зеленого и синего цвета в одном элементе изображения для передачи цвета элемента.

conversation — обмен данными, «разговор». ♦ Термин, применимый к обмену данными между двумя приложениями Windows, работающими в режиме DDE. Приложение, которое начинает обмен, является клиентом DDE, приложение, которое отвечает на запрос клиента, является сервером DDE. *См. dynamic data exchange.*

conversion function — функция преобразования. ♦ Функция, преобразующая один тип или формат данных в другой.

cookies — файлы «cookies». ♦ Подкаталог, создаваемый сервером для каждой рабочей станции-клиента, в котором собрана информация о всех посещениях Web-страниц, включая информацию о действиях, предпринятых посетителем страницы, и о количестве посещений.

coordinate space — пространство координат. ♦ Координатная плоскость, плоскость с прямоугольной системой координат.

copy constructor — копировщик-инициализатор. ♦ Конструктор с одним параметром, тип которого представляет собой ссылку на сам класс.

CORBA — общедоступная архитектура с посредником при запросе объекта. *См. common object request broker architecture.*

correlate subquery — или repeating subquery, коррелированный подзапрос. ♦ В языке SQL — подзапрос, результаты которого зависят от результатов внешнего запроса. Иногда коррелированный подзапрос называют повторяющимся подзапросом (repeating subquery), поскольку он исполняется снова для каждой строки, указанной внешним запросом.

counterrotating ring — кольцо с встречным вращением. ♦ Конфигурация локальной сети, полученная в результате объединения двух кольцевых локальных сетей с противоположными потоками передачи данных, метод повышения надежности локальной сети благодаря избыточности.

courseware — обучающее программное обеспечение. ♦ Программное обеспечение, реализующее учебные методики; как правило, использующее средства мультимедиа.

CPU — или control processor unit, блок центрального процессора, ЦП.

CRC — циклический контроль. *См. cyclic redundancy check.*

critical section — критический сегмент. ♦ Регистр сегмента команд, не допускающий одновременного доступа к нему нескольких процессов; часто критический сегмент служит для защиты совместно используемых ресурсов.

cross compilation — перекрестная компиляция. ♦ Компиляция исходного текста программы, которая выполняется с использованием аппаратного обеспечения на одной платформе (например, Intel), но создает объектный код для другой платформы (например, Power Macintosh).

CSC — совместная работа и поддержка компьютеров. *См. computer support collaboration.*

CSLIP — или compressed SLIP, протокол SLIP с уплотнением данных. *См. SLIP.*

CSMA/CD — или carrier sense multiple access with collision detection, многостанционный доступ с контролем несущей и определением коллизий. ♦ Широко распространенная техника, позволяющая многим станциям успешно совместно использовать широковещательный канал.

cursor — **1)** указатель, точка ввода. ♦ Метка на экране, указывающая на позицию, где производится действие; **2)** курсор. ♦ В реляционных базах данных — набор записей, извлеченных из базы данных оператором создания курсора (CREATE CURSOR), которые можно просматривать и модифицировать по одной.

cursor engine — двигатель курсора. ♦ Механизм, который позволяет извлекать набор записей из базы данных, просматривать и модифицировать записи в этом наборе, а также создавать объект в памяти, представляющий этот набор записей.

cursor resource (CUR) file — файл ресурса курсора. ♦ Файл с расширением (CUR), содержащий информацию, определяющую форму курсора на экране.

custom control — специальный элемент управления. ♦ Библиотека динамической компоновки или объектный файл особого формата, позволяющий добавить дополнительные возможности и функции к существующему интерфейсу пользователя в приложении Windows, чаще всего — специально разработанный вариант существующих в Windows диалоговых окон.

custom resource — или application-defined resource, специальный ресурс приложения. ♦ Ресурс, содержащий необходимые для приложения данные, который разработчик создает и добавляет к исполняемому файлу приложения.

customer information control system — или CICS, пользовательская информационная система управления. ♦ Пакет программ для больших ЭВМ, помогающий программистам в создании экранов и доступе к базам данных.

cut and paste — вырезание и вставка. ♦ Метод перемещения данных из одного места документа в другое, из одного документа в другой или из документа одного приложения в документ другого, но обязательно совместимого приложения. Например, графические данные из программы Windows Paint могут быть вставлены в редактор WordPad и не могут — в «Блокнот» (Notepad).

CVF — уплотненный файл. *См. compressed volume file.*

cyclic redundancy check — или CRC, циклический контроль. ♦ Метод обнаружения ошибок, использующий полиномиальный код, иногда его называют просто полиномиальным кодом.

D

D channel — канал типа D. ♦ В интегрированной цифровой сети ISDN — канал, предназначенный для передачи сигналов управления сетью.

daemon — или demon, присоединенная процедура, сторожевая процедура. ♦ Программа, которая загружается в рабочую память и ожидает прихода запроса для начала исполнения. Термин происходит из операционной системы UNIX. *См. line printer daemon*.

DAG — направленный ациклический граф. *См. directed acyclic graph*.

DAO — объекты доступа к данным. *См. data access object*.

DAO record field exchange — или DFX, обмен полями записей через объекты доступа к данным. ♦ Механизм обмена между полями записей во внешней базе данных и полями локальных записей, принадлежащих к классам объектов доступа к данным. *См. DAO, record field exchange*.

DAT — лента для цифровой звукозаписи. *См. digital audio tape*.

data — данные. ♦ Информация, представленная в виде, пригодном для машинной (компьютерной) обработки.

data access object — или DAO, объекты доступа к данным. ♦ Набор объектов высокого уровня, упрощающих подключение к базам данных; в приложении для работы с базами данных такими объектами являются, например, базы данных, таблицы, запросы, поля, индексы и т.д.

data binding — привязка данных. ♦ Установление связи между объектом программирования и объектом в базе данных.

data communication equipment — или DCE, оборудование передачи данных. ♦ Аппаратная часть такого оборудования, чаще всего имеется в виду модем.

data declaration — описание данных. ♦ Предложение в тексте программы, определяющее характеристики переменной.

data definition — определение данных. ♦ В работе с базами данных — процесс создания баз данных и объектов баз данных, таких как таблицы, индексы, правила, процедуры и т.д. *См. data definition language*.

data definition language — или DDL, database design language, data design language, язык определения данных. ♦ Язык, обычно являющийся частью системы управления базами данных, определяющий все атрибуты и свойства базы данных, такие как расположение записей, определения полей, ключевые поля и т.д.

data design language — язык определения данных. *См. data definition language.*

data dictionary — словарь базы данных. ♦ Системные таблицы, содержащие описание и структуру объектов базы данных.

data encryption standard — или DES, стандартный метод шифрования данных, широко распространенный в США.

data exchange interface — или DXI, интерфейс обмена данными. ♦ Интерфейс обмена данными для локальных сетей, разработанный консорциумом ATM Forum.

data field — поле данных. ♦ Точно определенная, поименованная часть структуры данных или записи, например столбец в таблице базы данных.

data file — файл данных. ♦ Файл, содержащий данные — текст, цифры или графические изображения, в отличие от программных файлов.

data fork — раздел (ответвление) данных. ♦ Часть файла Apple Macintosh, содержащая поставляемую пользователем информацию. *См. resource fork.*

data handle — определитель данных. ♦ В Microsoft Windows — 32-битная величина, используемая для обеспечения доступа к объекту.

data integrity — целостность данных. ♦ В языке SQL — достоверность и надежность данных, которые в состоянии обеспечить система регистрации транзакций, хранимые процедуры и триггеры сервера SQL.

data link control — или DLC, управление каналом передачи данных. ♦ Протокол, обеспечивающий доступ персональных компьютеров к большим ЭВМ IBM.

data link layer — канальный уровень. ♦ Второй уровень модели OSI, уровень протоколов, определяющих формирование пакетов данных и передачу их по сети.

data manipulation language — или DML, язык манипулирования данными. ♦ Раздел языка SQL.

data map — карта данных. ♦ В библиотеке Microsoft Foundation Classes — механизм автоматизации процесса сбора данных через диалоговое окно, обработки и оценки этих данных.

data member — элемент данных. ♦ Объект данных, определенный как часть класса.

data modification — изменение, модификация данных. ♦ В базах данных — добавление, удаление или изменение информации с помощью операторов INSERT, DELETE, UPDATE.

data rate — скорость передачи данных. ♦ Скорость передачи, обычно измеряемая в килобитах в секунду (Кбит/с) или килобайтах в секунду (Кбайт/с).

data segment — сегмент данных. ♦ Область памяти, используемая приложением для хранения данных или занимаемая самим приложением.

data sharing — совместное использование данных. ♦ В базах данных — возможность одновременного использования базы данных несколькими пользователями.

data source — источник данных. ♦ В ODBC — объект, содержащий исходную информацию, обрабатываемую приложением.

data source name — или DSN, имя источника данных. ♦ Имя, используемое приложением для подключения к источнику данных.

data structure — структура данных. ♦ Схема организации данных, например запись или массив.

data symbol — идентификатор. ♦ Имя, определяющее положение в памяти глобальных или статистических объектов данных.

data terminal equipment — или DTE, оборудование обработки данных. ♦ Термин обычно подразумевает компьютеры, терминалы. *См. DCE.*

data type — тип данных. ♦ Описание данных, определяющее диапазон возможных значений этих данных, операции, которые разрешено над ними производить, и способ хранения этих данных в памяти.

data-access application — приложение для доступа к данным. ♦ Приложение, используемое для доступа к данным, обычно в базах данных. *См. database application.*

database — база данных.

database application — приложение для работы с базами данных. ♦ Приложение, управляющее файлами, содержащими записи (таблицы) базы данных, позволяющее выполнять различные операции (просмотр, поиск, сортировку, перегруппировку и т.д.).

database design language — язык определения данных. *См. DDL.*

database device — устройство баз данных. ♦ В языке SQL — файл, в котором хранятся базы данных и журнал регистрации транзакций. Устройство баз данных имеет как физическое, так и логическое имя.

database form — форма базы данных. ♦ Служебная программа, входящая в состав приложения для работы с базами данных и позволяющая пользователю решать множество задач по доступу к данным, например ввод, просмотр, модификацию данных и т.д.

database management system — система управления базой данных, СУБД.

database object — объект базы данных. ♦ Любой объект, имеющий имя и занимающий часть памяти в базе данных, в реляционных базах данных примерами объектов являются таблицы и индексы.

database owner — или DBO, владелец базы данных. ♦ Пользователь, наделенный специальными правами владельца базы данных.

database schema — схема базы данных. ♦ Описание структуры таблиц, составляющих базу данных. Схема описывает колонки каждой таблицы и тип данных каждой колонки.

database server — сервер базы данных. ♦ Приложение, обеспечивающее доступ к базе данных, хранение, защиту и обработку базы данных. Примером приложения — сервера базы данных может служить Microsoft SQL Server.

datagram — дейтаграмма. ♦ Пакет в сети передачи данных, передаваемый независимо от других пакетов и без установки виртуального (логического) соединения; наряду с передаваемой информацией такой пакет содержит полную спецификацию адреса станции назначения (заданного пользователем, а не сетью).

datagram socket — сокет, «розетка» для дейтаграмм. ♦ Интерфейс, обеспечивающий двусторонний поток (прием и передачу) дейтаграмм. *См. socket.*

DB-15 — электрический соединитель с 15 выводами. ♦ Стандартный соединитель для трансиверов (приемников-передатчиков) в сети Ethernet.

DB2 — система управления реляционными базами данных для больших ЭВМ. ♦ Система, разработанная корпорацией IBM.

DB2 gateway — шлюз DB2. ♦ Сетевой механизм, позволяющий организовать передачу данных между базой данных Microsoft SQL Server на персональном компьютере и базой данных DB2 большой ЭВМ.

dBASE — торговая марка серии программных пакетов для работы с базами данных (dBASE II, dBASE III, dBASE III PLUS, dBASE Iv.).

DBCS — набор двухбайтовых символов. *См. double-byte character set.*

DBMS — система управления базой данных (СУБД). *См. database management system.*

DBO — владелец базы данных. *См. database owner.*

dbWeb administrator — администратор базы данных dbWeb.
♦ Графический инструмент, разработанный для программы Microsoft dbWeb и позволяющий создавать шаблоны, которые называются схемами и регулируют доступ из сети Интернет к базе данных.

DC — контекст устройства. *См. device context.*

DCE — **1)** среда распределенной обработки данных. *См. distributed computing environment;* **2)** оборудование передачи данных. *См. data communication equipment.*

DCI — интерфейс управления монитором. *См. display control interface.*

DCOM — распределенная модель компонентных объектов. *См. distributed component object model.*

DCT — дискретное косинусоидальное преобразование. *См. discrete cosine transform.*

DDE — динамический обмен данными. *См. dynamic data exchange.*

DDL — язык определения данных. *См. data definition language.*

DDV — проверка правильности данных, вводимых в диалоговом окне. *См. dialog data validation.*

DDX — обмен данными с диалоговым окном. *См. dialog data exchange.*

dead key — «немая» клавиша в некоторых нелатинских клавиатурах — клавиша, нажатие которой не вызывает появления видимого знака, но в сочетании с другими клавишами позволяет создать букву со знаком ударения над ней.

deadlock — тупиковая ситуация, блокирование. ♦ Ситуация в системе, когда несколько процессов блокируют друг друга, то есть каждый процесс ожидает события или освобождения ресурса, который может предоставить только другой заблокированный процесс.

debug memory allocator — отладочная функция распределения памяти. ♦ Функция, позволяющая оценить объем и определить местоположение участка памяти, выделенного для определенного объекта. Отладочная версия библиотеки MFC снабжена отладочными функциями распределения памяти.

debug monitor — отладочный монитор. ♦ Простой терминал или компьютер (в отличие от основного компьютера разработчика), на который выводится информация, генерируемая отладочным процессом. *См. debugging information.*

debug version — **1)** отладочная версия. ♦ Версия программы, содержащая диагностические средства и разнообразные средства проверки, позволяющие выполнить отладку программы; **2)** отладочная версия. ♦ Версия программы, созданная с использованием отладочной информации в символической форме.

debugger — программа-отладчик. ♦ Средство разработчика, позволяющее выявлять ошибки в проекте.

debugging event — отладочное событие. ♦ Событие в процессе, проходящем отладку, сообщение о котором поступает в программу-отладчик.

debugging information — **1)** отладочная информация. ♦ Любая информация, генерируемая отладочным процессом; **2)** отладочная информация. ♦ Информация в символической форме, используемая программой-отладчиком, например информация в символическом формате Microsoft (Microsoft Symbolic Debugging Information format).

decision support — система поддержки принятия решений. ♦ Информационная модель, программное обеспечение, позволяющее пользователю, даже не обладающему навыками в программировании, использовать возможности системы для анализа и принятия решений.

declaration — описание, определение. ♦ Конструкция языка программирования, задающая тип и значение объекта (константы, переменной).

declaration statement — предложение описания, определение. ♦ Оператор, определяющий имя и тип констант, переменных, определенных пользователем типов данных, процедур.

declarator — описатель, спецификатор. ♦ Часть описания, определяющая имя объекта, типа, функции.

DECNet — торговая марка программных продуктов Digital Equipment Corporation для работы с сетями передачи данных.

decompression — разуплотнение, распаковка. ♦ Процедура, обратная уплотнению (сжатию), возвращение уплотненных данных к исходным размерам и условиям.

decorated name — или type-safe name, mangled name, измененное имя, имя с информацией о типе. В языке C++ — генерируемая компилятором строка, в которой вслед за неизмененным именем стоят знаки, содержащие информацию о типе, необходимую компилятору и компоновщику.

dedicated file server — специализированный файловый процессор. ♦ Рабочая станция в сети, выполняющая только функции файлового сервера и никакие другие.

default argument — значение аргумента, установленное по умолчанию. ♦ Заранее определенное значение, которое присваивается аргументу, если при вызове функции не указывается другое значение.

default constructor — используемый по умолчанию конструктор. ♦ В языке C++ — конструктор, не воспринимающий никаких аргументов, либо конструктор, все аргументы которого имеют значение, установленное по умолчанию.

default database — используемая по умолчанию база данных. ♦ База данных, к которой подключается пользователь, когда он впервые подключается к серверу SQL.

default gateway — используемый по умолчанию шлюз. ♦ В протоколе TCP/IP — промежуточное сетевое устройство, шлюз в локальной сети, имеющий информацию об идентификаторах других сетей в Интернете, что позволяет этому шлюзу переправлять пакеты к другим шлюзам до тех пор, пока пакет не будет доставлен на шлюз, подсоединенный к станции назначения.

default message processing — используемый по умолчанию метод обработки сообщений. ♦ Применение установленной по умолчанию процедуры для окон к сообщениям, процедуры обработки которых не определены в приложении. *См. default window procedure.*

default value — значение, установленное по умолчанию. ♦ Стандартное значение, используемое, если не указано иное значение.

default window procedure — установленная по умолчанию процедура для окон. ♦ Установленная по умолчанию процедура для окон определяет стандартный метод обработки сообщений, поступающих от операционной системы.

definition — определение. ♦ Конструкция, которая инициализирует переменную и резервирует место хранения переменной, функции или класса.

delayed rendering — задержанное форматирование данных. ♦ Форматирование данных только при поступлении запроса на эти данные, а не в момент поступления этих данных в приложение.

delimiter — **1)** разделитель. ♦ В языках программирования — специальный символ, разделяющий составляющие операторов и выражений, например пробел, скобки, BEGIN и END; **2)** разделитель. ♦ Символ, разделяющий группы данных. В базах данных используется два типа разделителей — разделители полей и разделители записей.

delivery system — система воспроизведения. ♦ Оборудование систем мультимедиа, применяемое пользователем для выполнения или воспроизведения интерактивных программ.

demand lock — замок по требованию. ♦ В языке SQL — замок, который полностью блокирует источник данных, не допуская его совместного использования. Доступ к данным восстанавливается только после снятия этого замка. *См. shared lock.*

demand paging — подкачка по обращению. ♦ Перемещение страниц памяти из физической памяти в виртуальную, в случае нехватки физической памяти.

demon — присоединенная процедура. *См. daemon.*

density — **1)** плотность. ♦ Например, плотность записи в битах на единицу длины или площади носителя записи; **2)** насыщенность. ♦ В системах мультимедиа — степень насыщенности цвета изображения; **3)** плотность изображения. ♦ В системах мультимедиа — процент площади экрана, занятый изображением.

dereferencing operator — оператор разыменования. *См. indirection operator.*

derivative data — производные данные. ♦ Данные, которые могут быть вычислены на основании других данных в базе.

derived class — производный класс. ♦ В объектно-ориентированном программировании — класс, созданный на основе другого класса, называемого базовым. Производный класс наследует все основные черты базового класса. *См. base class, subclass.*

DES — стандартный метод шифрования данных. *См. data encryption standard.*

descendant — потомок. ♦ Процесс или задача, вызываемая другим процессом или задачей. При этом характеристики и поведение потомка определяются, хотя бы частично, исходным процессом или задачей. В объектно-ориентированном программировании — производный класс.

descendant window — или child window, дочернее окно. ♦ Окно, образованное от родительского окна.

deserialization — реконструкция. ♦ Воссоздание объекта путем считывания состояния этого объекта из постоянного места хранения (чаще всего файла) и реконструкции его в памяти. *См. serialization.*

design-time ActiveX controls — элементы управления ActiveX, использующиеся во время разработки. ♦ Визуальные компоненты ActiveX, используемые разработчиками для создания динамических Web-приложений; эти элементы управления, подобно программам-мастерам (wizards), автоматически генерируют стандартные коды HTML.

desktop — **1)** настольный компьютер, рабочая станция. ♦ В отличие от выделенного сервера, портативного компьютера (ноутбука) или карманного компьютера; **2)** рабочий стол. ♦ Основное окно в Microsoft Windows. *См. desktop window.*

desktop management interface — или DMI, интерфейс управления рабочим столом. ♦ Независимый от протокола многоплатформный интерфейс для рабочей станции и сетевых компонентов. *См. desktop 2.*

desktop publishing system — настольная издательская система. ♦ Пакет программ для подготовки печатной продукции полиграфического качества.

desktop window — окно рабочего стола. ♦ Системное окно, которое покрывает всю поверхность экрана и служит основой для всех других окон, представляющих приложения Windows.

destructor — деструктор, функция уничтожения. ♦ Функция в C++, которая автоматически вызывается, когда производится разрушение объекта класса. Эта функция выполняет всю необходимую работу по очистке памяти до того, как объект будет разрушен.

development environment — среда разработки. ♦ В Microsoft Developer Studio — набор программных инструментов для Windows, позволяющих выполнить разработку, тестирование и отладку приложения.

device context — или DC, контекст устройства. ♦ В Windows — структура данных, определяющая графические объекты, их атрибуты и графические режимы. Выбор контекста устройства определяет графический режим работы выходного устройства (принтера, экрана монитора).

device driver — драйвер устройства. ♦ Программный компонент низкого уровня, позволяющий независимому от устройств приложению связываться с внешними устройствами, такими как мышь, клавиатура, монитор или принтер.

device independent bitmap — независимое от устройства растровое изображение. ♦ Вид изображения, представленного таким битовым массивом, не зависит от используемых аппаратных средств. *См. DIB.*

device-independent — независимый от устройств. ♦ Характеристика программ или файлов, которые обеспечивают один и тот же выход независимо от используемых внешних устройств.

device-mode setting — параметр режима устройства. ♦ Определяемое пользователем значение параметра, которое используется драйвером устройства для выбора режима работы.

DFX — обмен полями записей через объекты доступа к данным. *См. DAO record field exchange.*

DHCP — протокол динамической конфигурации сервера. *См. dynamic host configuration protocol.*

DHCP relay agent — ретранслятор протокола DHCP. ♦ Составная часть протокола DHCP, ответственная за передачу широковещательных сообщений протокола DHCP.

DHCP server — сервер протокола DHCP, сервер, который автоматически применяет адреса клиентов и связанные с ними параметры, установленные протоколом TCP/IP в локальной сети.

diagnostic services — диагностические средства. ♦ Средства, упрощающие отладку программ.

dial on demand — набор по запросу. ♦ В сети ISDN — функция набора номера (адреса) маршрутизатора, которая активизирует некоторый канал только в том случае, когда по нему должны быть переданы данные.

dial-up modem — коммутационный модем, модем с набором номера. ♦ Модем, используемый для работы по обыкновенной коммутируемой, а не по частной или арендуемой телефонной линии.

dial-up networking — удаленный доступ к сети. ♦ Составная часть Windows NT и Windows 95, позволяющая пользователю подключаться к локальным сетям и Интернету посредством телефонных линий.

dialog (DLG) file — файл диалогового окна. ♦ Файл с расширением (DLG), содержащий исходный код диалогового окна.

dialog bar — диалоговая строка. ♦ Строка управления, содержащая стандартные органы управления Windows.

dialog box — диалоговое окно. ♦ В Windows — дочернее окно, предназначенное для ввода данных пользователем.

dialog data exchange — или DDX, обмен данными с диалоговым окном. ♦ Метод перемещения данных между элементами управления диалогового окна и связанными с ними переменными, используемый в библиотеке MFC.

dialog data validation — или DDV, проверка правильности данных, вводимых в диалоговом окне. ♦ Метод проверки данных, поступающих от органов управления диалогового окна, используемый в библиотеке MFC.

dialog editor — диалоговый редактор. ♦ Редактор ресурсов, позволяющий размещать и группировать органы управления в шаблоне диалогового окна и тестировать диалоговое окно. Редактор выводит диалоговое окно на экран точно в том виде, в каком его увидит пользователь.

dialog template — шаблон диалогового окна. ♦ Шаблон, используемый в Windows для создания и вывода на экран диалоговых окон, который определяет характеристики диалогового окна, такие как размер окна, исходное положение, стиль, тип и положение органов управления окна.

dialog unit — или DLU, единица ширины или высоты диалогового окна. *См. horizontal DLU, vertical DLU.*

DIB — независимый от устройства битовый массив изображения. *См. device independent bitmap.*

digital audio tape — или DAT, лента для цифровой звукозаписи.

digital signature — цифровая подпись. ♦ Электронный идентификатор, созданный с использованием определенных видов шифрования, применяемый для подтверждения того, что документ действительно отправлен лицом, чья подпись стоит под документом, и что документ не был изменен с того момента, когда он был подписан.

digital video — цифровое видео. ♦ Видеосигнал, представленный в виде читаемой компьютером двоичной последовательности.

digitization — преобразование в цифровую форму, оцифровка.
♦ Например, преобразование в цифровую форму аналоговых звуковых или видеосигналов в системах мультимедиа. *См. analog-to-digital converter.*

dimension — 1) размерность. ♦ Число индексов, определяющих элемент массива; 2) диапазон значений индекса массива.

dimmed — бледное, затененное. ♦ Об изображении кнопок управления или пунктов меню в Windows, функции которых недоступны в данный момент пользователю.

direct memory access — или DMA, прямой доступ к памяти.
♦ Доступ к памяти без использования микропроцессора, часто применяется для перемещения данных непосредственно между памятью и периферийным устройством, например жестким диском.

direct mode — прямой режим. ♦ Режим доступа к файлам, в котором изменения вносятся и сохраняются в документе немедленно, а не накапливаются в буфере. *См. transacted mode.*

directed acyclic graph — или DAG, направленный ацикличес-кий граф. ♦ Граф, вершины которого (объекты) соединены путями, имеющими определенные направления; такой граф не содержит циклов.

directory hashing — создание структуры каталога, «хеширование» каталога. ♦ Выполняется специальным приложением для файлового процессора, которое создает карту всех файлов каталога и хранит эту информацию в ОЗУ. *См. hashing.*

directory replication — копирование каталогов. ♦ Копирование основного набора каталогов с сервера (называемого сервером-экспортером) на сервер или рабочие станции (называемые компьютерами-импортерами), работающие в том же домене либо в других доменах. *См. export server, import computers.*

directory replicator service — служба копирования каталогов. *См. directory replication.*

directory service manager for NetWare — или DSMN, программа управления каталогами для NetWare. ♦ Составная часть сервера Windows NT (Windows NT Server), позволяющая совместить операционную систему локальной сети NetWare с файловым сервером на базе операционной системы Windows NT.

dirty — грязный, испорченный. ♦ Определение файла, объекта или элемента данных, в котором появились изменения после того, как файл (объект, элемент данных) был сохранен.

discardable code segment — разрушаемый сегмент кода. ♦ Сегмент кода приложения Windows в памяти, который при необходимости может быть разрушен, переписан или перезагружен с диска.

discrete cosine transform — или DCT, дискретное косинусоидальное преобразование. ♦ Вид кодирования, используемый в большинстве современных систем сжатия для уменьшения объема передаваемой информации.

disjoint — непересекающееся. ♦ О множествах, не имеющих общих элементов.

disjoint figure — расчлененная фигура, фигура с разрывами.

disk cache — буфер системы ввода-вывода. ♦ Часть ОЗУ, выделенная для временного хранения данных, считываемых с диска. В буфер ввода-вывода не всегда заносится целый файл, здесь может временно храниться часть используемого программного приложения или файла. *См. cache*.

disk caching — кэширование содержимого диска, занесение часто запрашиваемых файлов в буфер ОЗУ. ♦ Метод, используемый файловым процессором для обеспечения быстрого исполнения запросов, приходящих от рабочих станций. *См. cache, disk cache*.

disk drive — **1)** дисковод; **2)** дисковое запоминающее устройство, диск.

disk mirroring — зеркальное отражение дисков, зеркализация. ♦ Процедура копирования разделов диска на другой диск, позволяющая сохранить данные в случае повреждения диска или контроллера диска.

disk server — диск-сервер. ♦ Жесткий диск, который предоставляет хранящиеся на нем файлы для совместного использования несколькими пользователями. Обычно это файлы, с которыми может работать только один пользователь в каждый момент времени.

dispatch identifier — идентификатор диспетчеризации. ♦ 32-битное значение атрибута, определяющее методы и свойства в OLE Automation.

dispatch interface — интерфейс диспетчеризации. ♦ В OLE Automation — внешний программный интерфейс группы функций, экспонируемых сервером автоматизации.

dispatch map — карта диспетчеризации. ♦ В библиотеке Microsoft Foundation Classes — набор макрокоманд, необходимых для того, чтобы сделать видимыми методы и свойства для OLE Automation.

display control interface — или DCI, интерфейс управления монитором. ♦ Интерфейс, с помощью которого программные средства управляют монитором.

display device context — контекст устройства для экрана. ♦ Создаваемый Windows контекст устройства, который приложение Windows может использовать, чтобы создавать и закрашивать объекты на экране.

distributed component object model — или DCOM, распределенная модель компонентных объектов. ♦ Дополнение к модели COM, которое делает возможным прозрачное распределение этих объектов через сеть (в том числе и Интернет).

distributed computing environment — или DCE, среда распределенной обработки данных. ♦ Открытый набор служебных программ для распределенной обработки данных на разнородных операционных платформах.

distributed file serving — распределенная обработка файлов. ♦ Обработка данных несколькими компьютерами-серверами, а не одним центральным файловым процессором.

distributed management environment — распределенная среда управления. ♦ Методика управления распределенными разнородными сетями.

distributed processing — распределенная обработка. ♦ Обработка данных, при которой часть или все функции обработки, хранения и управления данными, а также функции ввода-вывода выполняются процессорами разных компьютеров, соединенных между собой устройствами и линиями связи.

distributed system object model — или DSOM, распределенная модель системных объектов. ♦ Технология для распределенных объектов, разработанная IBM на основе операционных систем OS/2, UNIX и AIX.

dithering — имитация градаций цвета. ♦ Техника увеличения палитры цветов путем подмешивания другого цвета. При использовании этой техники среди элементов изображения основного цвета часть элементов имеет другой цвет, что воспринимается глазом как новый оттенок основного цвета.

DLC — управление каналом передачи данных. *См. data link control.*

DLL — библиотека динамической компоновки. *См. dynamic link library.*

DLU — единица ширины или высоты диалогового окна. *См. dialog unit.*

DMA — прямой доступ к памяти. *См. direct memory access.*

DMI — интерфейс управления рабочим столом. *См. desktop management interface.*

DML — язык манипулирования данными. *См. data manipulation language.*

DNP — протокол имени домена. *См. domain name protocol.*

DNS — система имен доменов. *См. domain name system.*

DNS database — база данных DNS. ♦ База данных в системе имен доменов (DNS), устанавливающая соответствие между именами компьютеров и адресами протокола Интернета.

DNS name — имя домена. *См. domain name.*

DNS name servers — серверы имен доменов. ♦ Серверы, имеющие в своем распоряжении часть базы данных системы имен доменов. Эти серверы предоставляют имена клиентам системы, запрашивающим разрешение на использование имени в сети Интернет.

DNS servers — серверы имен доменов. *См. DNS name servers.*

DNS service — служба предоставления имен доменов. ♦ Служба, предоставляющая разрешение на использование имени домена. *См. DNS name servers.*

dockable toolbar — прикрепляемая панель инструментов. ♦ Панель инструментов, которая может быть прикреплена к любой стороне родительского окна или располагаться отдельно, в своем собственном мини-окне.

docked toolbar — прикрепленная панель инструментов. ♦ Панель инструментов, прикрепленная к одной из сторон родительского окна.

document — 1) документ. ♦ Набор данных в формате прикладной программы, такой как текстовый процессор Word или электронная таблица Microsoft Excel, имеющий уникальное имя файла, по которому он может быть вызван; 2) документировать, объяснять или комментировать что-либо в письменном виде. ♦ Например, давать комментарии к программе или описание проблемы в отчете об ошибке.

document item — элемент документа. ♦ Объект класса, производного от класса CDdocItem, содержащий часть данных документа. Элементы документа используются для представления элементов OLE в документах клиента и сервера.

document object — объект документа. ♦ Объект, создаваемый приложением каждый раз, когда пользователь открывает существующий или новый документ.

document template — шаблон документа. ♦ В библиотеке Microsoft Foundation Classes — шаблон, используемый для создания документов, видов и рамок окон.

document window — окно документа. ♦ В Windows — появляющееся на экране окно, в котором пользователь может создавать, просматривать документ или работать над ним.

document/view architecture — архитектура с учетом документов и представлений. ♦ Методика разработки приложений, придающая первоочередное значение виду документа и потребностям пользователя по работе с документами, а не дизайну приложения.

domain — **1)** домен. ♦ В компьютерных сетях — группа ресурсов, управляемых одним узлом; **2)** домен. ♦ В реляционных базах данных — область определения значений одного столбца таблицы.

domain controller — контроллер домена. ♦ Сервер, который выполняет аутентификацию пользователей, осуществляет контроль за доступом к домену, а также хранит и обслуживает главную базу данных домена.

domain filter — фильтр домена. ♦ Служба, обеспечивающая управление доступом к домену сети, к узлу в сети Интернет, разрешая доступ или отказывая в доступе определенным запросам. *См. filter.*

domain integrity — целостность домена. ♦ В реляционных базах данных — соблюдение требования, чтобы значения столбцов соответствовали области определения домена. *См. domain 2.*

domain name — **1)** имя домена. ♦ Имя, присвоенное группе компьютеров, объединенных в функциональную группу (домен), используемое для управления сетью; **2)** имя домена. ♦ В протоколе TCP/IP — имя, служащее идентификатором узла, например microsoft.com.

domain name system — или DNS, система имен доменов. ♦ Статическая иерархически построенная система имен компьютеров в протоколе TCP/IP.

domain name protocol — или DNP, протокол имени домена. ♦ Часть протокола транспортировки/протокола Интернет (TCP/IP).

DOS — или disk operating system, дисковая операционная система. ♦ Операционная система, загружаемая с диска при начальном запуске компьютера. *См. MS-DOS.*

DOS Extender — диспетчер расширенной памяти. *См. extended memory manager, XMM.*

DOS protected mode interface — или DPMI, интерфейс защищенного режима DOS. ♦ Промышленный стандарт, разработанный Intel Corporation, позволяющий исполнять программы — приложения к MS-DOS в защищенном режиме процессора 80286 или 80386.

double buffering — использование двойного буфера. ♦ Использование двух буферов вместо одного при перемещении данных к устройству или от устройства ввода-вывода для повышения скорости передачи данных.

double-byte character set — или DBCS, набор двухбайтовых символов. ♦ Набор символов для представления восточных алфавитов, состоящих из идеографических знаков. Набор содержит как однобайтовые, так и двухбайтовые символы. *См. multibyte character set.*

doubleword — или DWORD, двойное слово. ♦ Элемент данных, состоящий из 4 байтов, который обрабатывается микропроцессором компьютера как единый элемент.

downloadable fonts — загружаемые шрифты. ♦ Шрифты, хранящиеся на жестком диске, которые при необходимости посылаются на принтер.

dpi — или dots per inch, число точек на дюйм. ♦ Единица измерения разрешающей способности экрана или принтера.

DPMI — интерфейс защищенного режима DOS. *См. DOS protected mode interface.*

drag-and-drop — перетащить и отпустить (с помощью мыши). ♦ Способ перемещения или копирования данных между приложениями, между окнами одного и того же приложения или внутри одного окна.

driver — **1)** схема управления, задающее устройство, формирователь, драйвер. ♦ Аппаратное устройство, управляющее работой другого устройства, например линейный формирователь, драйвер шины; **2)** драйвер. ♦ Программа, управляющая работой устройства, например драйвер мыши, драйвер принтера.

drop source — источник данных. ♦ Источник данных для копирования в операции «перетащить и отпустить».

drop target — место назначения данных. ♦ Место назначения данных в операции «перетащить и отпустить».

drop-down combo box — раскрывающееся комбинированное окно. ♦ Комбинированное окно, содержащее раскрывающийся список и поле выбора, в которое пользователь может вносить изменения.

drop-down list — раскрывающийся список. ♦ Список в комбинированном окне, который показывает установленное значение, а раскрываясь — показывает список возможных вариантов.

drop-down menu — раскрывающееся меню. ♦ Меню, которое раскрывается на экране, когда пользователь выбирает соответствующий пункт в линейке меню.

DS3 UNI — или DS3 user to network interface, сетевой интерфейс пользователя типа DS3. ♦ Сетевой интерфейс, разработанный консорциумом ATM Forum для сетей передачи данных со скоростью 44,236 Мбит/с.

DSMN — программа управления каталогами для NetWare. *См. directory service manager for NetWare.*

DSN — имя источника данных. *См. data source name.*

DSOM — распределенная модель системных объектов. *См. distributed system object model.*

DTE — оборудование обработки данных. *См. data terminal equipment.*

dump device — устройство сброса. ♦ В реляционных базах данных — файл, используемый для хранения резервной копии базы данных.

duplex — дуплекс. ♦ Режим связи, при котором станция может одновременно осуществлять прием и передачу данных.

duplexed drives — двойные диски. ♦ Метод повышения устойчивости системы к ошибкам, состоящий в дублировании аппаратного обеспечения, в частности — жестких дисков.

duplicate value — повторяющаяся величина. ♦ Значение в столбце таблицы, точно повторяющее значение, уже имеющееся в этом столбце.

DVI — торговая марка продуктов Intel для цифрового видео и цифровой звукозаписи.

DWORD — двойное слово. *См. doubleword.*

DXI — интерфейс обмена данными. *См. data exchange interface.*

dynamic assignment — динамическое присваивание. ♦ Автоматическое присваивание параметров протокола TCP/IP в изменяющейся локальной сети.

dynamic backup — динамическое резервирование. ♦ Резервирование, выполняемое, когда база данных находится в активном состоянии.

dynamic creation — динамическое создание. ♦ Процесс создания объекта определенного класса во время выполнения программы.

dynamic data exchange — или DDE, динамический обмен данными. ♦ Форма взаимодействия приложений, в которой для обмена данными между приложениями используется совместная память.

dynamic dump — динамический сброс. ♦ Создание копии базы данных, когда база данных находится в активном состоянии.

dynamic host configuration protocol — или DHCP, протокол динамической конфигурации сервера. ♦ Протокол, обеспечивающий динамическую конфигурацию 32-битного IP-адреса и позволяющий использовать IP-адреса в локальной сети.

dynamic link — динамическая связь. ♦ Связь программы с объектом или библиотекой, которая устанавливается, когда программа загружается в память (динамическая связь во время загрузки) или во время выполнения программы (динамическая связь во время выполнения). *См. load-time dynamic linking, run-time dynamic linking.*

dynamic priority — динамический приоритет. ♦ Приоритет нити, используемый программой-планировщиком при распределении времени процессора на обработку каждой нити. *См. thread.*

dynamic recovery — динамическое восстановление. ♦ Программа или набор программ, которые выявляют и пытаются устранить программные отказы и потерю данных в системе управления базами данных.

dynamic splitter window — окно с динамическим расщеплением. ♦ Стиль окна с расщеплением, в котором создаются и уничтожаются дополнительные панели, когда пользователь расщепляет или объединяет окно.

dynamic link library — или DLL, библиотека динамической компоновки. ♦ Функция или набор функций, который может быть загружен в память по запросу, исполнен и удален из памяти во время исполнения приложения.

dynamic-link library (DLL) file — файл библиотеки динамической компоновки. *См. DLL.*

dynaset — динамический набор. ♦ Набор записей, представляющий собой результат выполнения запроса и динамически связанный с базой данных. Любые изменения в этом наборе автоматически отражаются в базе данных.

E

e-commerce — электронная торговля. ♦ Вид коммерческой деятельности, при которой торговые сделки и расчеты по ним осуществляются по сети Интернет.

e-mail — электронная почта. ♦ Служба связи для компьютерных пользователей, в которой сообщения передаются в электронный «почтовый ящик» (сервер обработки почтовых сообщений), откуда эти сообщения поступают к адресатам.

e-mail enabled application — приложение, способное использовать электронную почту. ♦ Приложение, которое способно использовать для пересылки сообщений и уведомлений существующую инфраструктуру электронной почты.

EBCDIC — или extended binary coded decimal interchange code, расширенный двоично-десятичный код обмена информацией. ♦ Код, используемый большими ЭВМ для передачи данных. *См. binary coded decimal.*

ECP – 1) порт с расширенными возможностями. *См. extended capabilities port.* ♦ Порт, описанный в спецификации IEEE P1284, обеспечивает высокоскоростную печать. Программную поддержку порта в Windows 95 обеспечивает драйвер Lpt.vxd.

edit box — окно редактирования. *См. edit control.*

edit buffer — буфер редактирования. ♦ В библиотеке основных классов Microsoft для баз данных — буфер, в котором содержится текущая запись во время внесения изменений.

edit control — или edit box, text box, окно редактирования, текстовое окно. ♦ Специальный элемент управления, который пользователь может применять для ввода и редактирования текста.

EGA — или enhanced graphics adapter, стандарт видеоподсистемы, разработанный для персональных компьютеров IBM PC, с максимальной разрешающей способностью 640×350 элементов изображения и цветовой гаммой 16 цветов (4 бита на точку). *См. bit per pixel.*

EISA — или enhanced industry standard architecture, усовершенствованная промышленная стандартная архитектура. ♦ Архитектура шины подключения периферийных устройств к микропроцессору. Стандарт, предложенный в 1988 году консорциумом компаний AST Research, Compaq, Epson, Hewlett-Packard, NEC, Olivetti, Tandy, Wyse и Zenith.

elevator seeking — установка головок с последующим повышением. ♦ Методика поиска файлов на сервере, в которой порядок поиска определяется текущим положением головок чтения-записи дискового запоминающего устройства.

embedded item — или embedded object, внедренный элемент или объект. ♦ Элемент составного документа, вся информация о котором хранится в несущем документе, но при этом внедренный объект создан и редактируется приложением-сервером.

embedded object — внедренный объект. *См. embedded item.*

embedded SQL — встроенный язык структурированных запросов (SQL). ♦ Интерфейс прикладных программ для доступа к базам данных SQL, в котором операторы языка SQL используются совместно с операторами языка программирования.

EMF — усовершенствованный метафайл. *См. enhanced metafile.*

EMM — диспетчер отображаемой памяти. *См. expanded memory manager.*

empty string — пустая строка. *См. null string.*

EMS — спецификация отображаемой памяти. *См. expanded memory specification.*

encapsulation — 1) инкапсуляция. ♦ В объектно-ориентированном программировании — защита членов класса от прямого доступа. Доступ к членам класса в этом случае разрешен только через функции — члены класса; **2)** оформление пакета. ♦ При передаче данных между сетями с различными протоколами — добавление к пакету дополнительной управляющей информации.

encoding — кодирование. ♦ Способ уплотнения данных.

encryption — шифрование. ♦ Преобразование данных в форму, делающую невозможным их использование лицами, для которых эти данные не предназначены и которые не обладают ключом и алгоритмом для дешифровки.

engine — процессор, «двигатель». ♦ Основная часть программы, определяющая порядок обработки данных и управления данными.

enhanced metafile — или EMF, усовершенствованный метафайл. ♦ Специальный файл, создаваемый графическим интерфейсом устройства для передачи информации в буфер печати. Информация, записанная в файле EMF, является независимой от устройства, то есть может быть напечатана принтером любой модели.

enterprise network — сеть предприятия. ♦ Компьютерная сеть большой организации, обслуживающая несколько тысяч пользователей.

entity integrity — целостность объекта. ♦ В реляционных базах данных — правило, не допускающее появления в столбцах с первичным ключом нулевых значений и значений, нарушающих уникальность первичного ключа. *См. primary key.*

entry point — точка ввода. ♦ Стартовый адрес функции, исполняемого файла или библиотеки динамической компоновки.

environment variable — переменная среды. ♦ Переменная, представляющая задаваемый пользователем элемент условий работы операционной системы, например имя системного каталога, имя пользователя, имя компьютера.

EOF — или end of file, конец файла. ♦ Признак конца файла или, в некоторых случаях, ошибки.

epilog code — код эпилога. ♦ Составная часть кодовой последовательности пролога-эпилога. Код эпилога исполняется после завершения использования функции, код освобождает место в стеке, восстанавливает состояние регистров, предшествовавшее обращению к функции, и обеспечивает доступность для пользователя возвратной величины данной функции. *См. prolog/epilog code sequence.*

equijoin — объединение по эквивалентности. ♦ В реляционных базах данных — объединение таблиц, содержащих эквивалентные столбцы; в результирующую таблицу включаются все столбцы объединяемых таблиц. *См. join.*

ERA — расширенный реляционный анализ. *См. extended relational analysis.*

error message — сообщение об ошибке. ♦ Сообщение от операционной системы или программы о возникшей проблеме, для разрешения которой, возможно, требуется вмешательство пользователя.

escape — **1)** переход. ♦ В передаче данных — изменение интерпретации передаваемых кодов, начало или конец управляющей последовательности, переход к другому алфавиту; **2)** выход. ♦ Завершение выполнения блока программы или работы в некотором режиме.

escape character — символ начала управляющей последовательности. ♦ Специальный символ, в языках С и С++ — наклонная черта влево, «обратный слэш» (\).

escape sequence — управляющая последовательность. ♦ В языках С и С++ — комбинация знаков, состоящая из символа начала управляющей последовательности (\) и следующей за ним буквы или комбинации цифр. Управляющая последовательность обычно используется для представления непечатаемых символов, таких как символ новой строки (\n), или некоторых других специальных символов языков С и С++.

Ethernet — архитектура Ethernet. ♦ Торговая марка компании Xerox. Архитектура локальных сетей топологии «шина» с множественным доступом, разработанная компанией Xerox совместно с Intel и DEC, позже с небольшими изменениями описанная в документе IEEE 802.3.

EtherTalk — протокол EtherTalk. ♦ Протокол, позволяющий использовать протоколы семейства AppleTalk в сетях Ethernet.

event — 1) событие. ♦ Событие или действие, произведенное пользователем, совершение которого вызывает определенную реакцию программы или операционной системы (например, получение сообщения, введенного пользователем с клавиатуры); 2) извещение. ♦ В OLE — сообщение, посылаемое от одного объекта к другому в случае изменения состояния объекта или действия, совершенного пользователем.

event object — объект события. ♦ Синхронизирующий объект, позволяющий одной нити процесса известить другую нить о произошедшем событии, когда вторая нить ожидает извещения о событии, чтобы начать выполнение своей задачи.

exception — особая ситуация, исключительная ситуация. ♦ Особая ситуация, обычно — обнаружение ошибки, требующее прерывания нормальной последовательности выполнения программы.

exclusive lock — монопольный замок. ♦ В языке SQL — замок, не позволяющий никакой другой транзакции установить замок до тех пор, пока транзакция, установившая монопольный замок, не будет завершена. Монопольный замок всегда устанавливается операциями обновления данных (INSERT, UPDATE, DELETE).

executable (EXE) file — исполняемый файл. ♦ Программный файл, созданный из одного или нескольких файлов, содержащих исходный код, переведенный в машинные коды, и скомпонованных в одно целое. В операционных системах MS-DOS, Windows, Windows NT для обозначения исполняемых файлов используется расширение EXE.

execution character set — исполнительный набор символов. ♦ Набор символов, используемый при исполнении программы. Для программ на языках Microsoft C и C++ в качестве исполнительного набора используется стандартный набор символов ASCII.

exit code — код выхода. *См. return code.*

expanded memory — отображаемая память. ♦ Дополнительный объем памяти, физически реализуемый платой отображаемой памяти или эмулированный процессором 80386 в расширенной памяти. Доступ к отображаемой памяти осуществляется посредством копирования (отображения) отдельных ее страниц на свободные страницы верхней памяти (640-1024 Кбайт).

expanded memory manager — или EMM, диспетчер отображаемой памяти. ♦ Драйвер, служащий программным интерфейсом для подключения отображаемой памяти, позволяющей увеличить объем адресуемой памяти.

expanded memory specification — или EMS, спецификация отображаемой памяти. ♦ Описание метода адресации отображаемой памяти. Разработана компаниями Lotus, Intel и Microsoft, поэтому ее называют LIM EMS.

explicit initializer — явно заданный инициализатор. ♦ Начальное значение программной переменной, выраженное в явном виде в описании переменной.

export server — сервер-экспортер. ♦ Сервер, предоставляющий набор каталогов для копирования на сервер или рабочие станции (называемые компьютерами-импортерами), работающие в том же домене либо в других доменах. *См. directory replication.*

exported function — экспортированная функция. ♦ Функция, вызванная другим исполняемым объектом, например библиотекой динамической компоновки или исполняемым файлом.

exports (EXP) file — файл экспорта. ♦ Файл, содержащий информацию об экспортированных функциях и элементах данных.

exposed object — экспонируемый объект. ♦ Видимый объект. *См. OLE Automation object.*

expression statement — выражение. ♦ Выражение, заканчивающееся точкой с запятой (;), например выражение присваивания, вызов функции.

extended capabilities port — или ECP, порт с расширенными возможностями. ♦ Высокоскоростной параллельный порт для подключения принтера и параллельного модема.

extended memory — расширенная память. ♦ Объем памяти, располагающийся выше памяти с физическим адресом 1024 Кбайт, доступный для процессоров серии 80х86, работающих в защищенном режиме. Версии Windows 3.0 и более поздние широко используют расширенную память.

extended memory manager — или XMM, DOS Extender, MS-DOS Extender, диспетчер расширенной памяти. ♦ Управляющая программа, обеспечивающая доступ приложения к расширенной памяти.

extended memory specification — или XMS, спецификация расширенной памяти. ♦ Стандарт Microsoft, определяющий способ доступа к расширенной памяти для прикладных программ, в том числе и для приложений, работающих с Windows, но не являющихся приложениями Windows.

extended relational analysis — или ERA, расширенный реляционный анализ. ♦ Метод анализа ситуации и построения на основе этого анализа реляционной модели данных.

extent — экстент. ♦ Область памяти, резервируемая для определенного набора данных, например область в Microsoft SQL Server, выделяемая для создаваемой таблицы или индекса.

external linkage — внешняя связь. ♦ Способ совместного использования имен объектов и функций блоками трансляции. При внешней связи любой блок трансляции может использовать имя программного элемента, и в любом блоке одно и то же имя будет однозначно относиться к одному и тому же объекту или классу. Имена, используемые при внешней связи, иногда называют глобальными. *См. global.*

external name — **1)** внешнее имя. ♦ В OLE Automation — идентификатор, который класс делает видимым для другого приложения. Клиенты автоматизации используют внешнее имя для запроса объекта этого класса у сервера автоматизации; **2)** внешнее имя. ♦ В языках программирования С и С++ — идентификатор с глобальной областью видимости.

extraction (>>) operator — оператор извлечения или оператор ввода. ♦ В языке С++ в зависимости от операндов — оператор поразрядного сдвига вправо или оператор приема данных, вводимых пользователем.

F

F1 Help — справочная система. ♦ Традиционно клавиша F1 служит для вызова справки по теме, связанной с приложением, используемым в данный момент.

FAQ — или frequently asked questions, часто задаваемые вопросы.

far pointer — или long pointer, длинный указатель. ♦ В 16-битном программировании — 32-битный указатель, который определяет и сегмент, и смещение адреса в памяти.

Fast Ethernet — версия протокола сети Ethernet, скорость передачи данных в которой достигает 100 Мбит/с. *См. 100Base-T.*

Fast Ethernet Alliance — собирательное название группы компаний, разрабатывающих аппаратное и программное обеспечение для сетей Ethernet со скоростью передачи данных 100 Мбит/с, соответствующих стандарту IEEE 802.3.

FAT — таблица размещения файлов. *См. file allocation table.*

FAT file system — файловая система FAT. ♦ Файловая система, которая изначально была разработана для операционной системы MS-DOS и основана на использовании FAT. Операционные системы Windows 95, Windows NT и IBM OS/2, имеющие собственные файловые системы, тем не менее совместимы с FAT. *См. FAT.*

fatal error — или unrecoverable error, catastrophic error, фатальная ошибка, неисправимая ошибка. ♦ Ошибка, неизбежно вызывающая отказ в программе или системе без возможности исправления.

fault tolerance — устойчивость к отказам, устойчивость к ошибкам. ♦ Способность системы восстанавливаться в случае ошибки, отказа или изменения рабочих условий (например, при отключении напряжения питания).

fault tolerant system — отказоустойчивая система, ошибкоустойчивая система. ♦ Истинно отказоустойчивые системы способны полностью автоматически восстанавливаться после ошибки, отказа без ущерба для выполняемой задачи и хранимой информации. Один из способов повышения отказоустойчивости системы — дублирование аппаратного обеспечения и данных, создание резервных копий и резерва оборудования. *См. fault tolerance.*

favorite — избранная (часто используемая) страница. ♦ Название, употребляемое в обозревателе Microsoft Internet Explorer для страницы, которая может понадобиться пользователю впредь. Аналог термина «закладка», широко известного благодаря программам Netscape Navigator и Netscape Communicator. *См. Bookmark 2.*

FDDI — интерфейс для передачи данных по оптоволоконному кабелю. *См. fiber data distribution interface.*

FDDI 2 — модификация протокола FDDI. ♦ Версия протокола FDDI, в которой добавлен уровень, позволяющий выделять фиксированный диапазон частот для определенных программных приложений. *См. FDDI, fiber data distribution interface.*

FDSE — дуплексная переключаемая сеть Ethernet. *См. full duplex Switched Ethernet.*

FDSE Consortium — консорциум FDSE. ♦ Группа компаний, занимающихся развитием аппаратных и программных средств для сетей протокола FDSE. *См. FDSE.*

fiber — оптоволоконный кабель.

fiber data distribution interface — или FDDI, интерфейс для передачи данных по оптоволоконному кабелю. ♦ Стандартный протокол для сетей со скоростью передачи данных 100 Мбит/с.

fiber optic inter-repeater link — или FOIRL, волоконно-оптический канал для соединения повторителей. ♦ Способ соединения (согласно стандарту IEEE 802.3) оптическим кабелем двух устройств, каждое из которых может быть и повторителем и главным компьютером.

field — **1)** поле. ♦ Поименованная часть структуры данных, элемент данных; **2)** поле, область, зона. ♦ Часть экрана, бланка, печатного документа или носителя данных, предназначенная для определенного использования; **3)** поле, группа разрядов. ♦ Часть сообщения, группа разрядов машинной команды или машинного слова, обрабатываемая отдельно; **4)** поле. ♦ Половина телевизионного или видеокадра. Два поля — четное и нечетное — составляют целый кадр.

field data member — элемент данных поля. ♦ Элемент данных в наборе записей, относящийся к определенному столбцу (или полю) запроса, представленному этим набором записей.

field locking — захват поля, замок. ♦ Свойство базы данных автоматически прекращать доступ пользователей к определенному полю записи из соображений секретности или для предотвращения одновременных попыток пользователей манипулировать данными в этом поле.

FIFO — или first-in-first-out, «первым пришел — первым обслужен», обратного магазинного типа. ♦ О стеке, в котором первым считывается первое записанное слово.

file allocation table — или FAT, таблица размещения файлов. ♦ Таблица, содержащая сведения о том, какому файлу принадлежит (если принадлежит) каждый кластер диска. Создается при форматировании диска.

file and print services for NetWare — или FPNW, служба обработки файлов и печати для NetWare. ♦ Составная часть Windows NT Server, позволяющая компьютеру, использующему операционную систему Windows NT, предоставлять услуги по обработке и печати файлов компьютерам-клиентам, использующим NetWare как операционную систему сети.

file buffer — буфер файла. ♦ Часть памяти, зарезервированная для временного хранения данных, ожидающих прихода команды для завершения перевода данных в файл или из файла.

file exception — особая ситуация в файле. ♦ Ошибка, случившаяся во время открывания файла, чтения данных или записи данных в файл.

file handle — определитель файла. ♦ Идентификатор, который Windows закрепляет за файлом в момент его создания или открытия. Определитель файла закреплен за ним до момента, когда файл будет закрыт.

file input/output (I/O) — файловый ввод-вывод. ♦ Процедуры создания файлов, записи и чтения данных из файлов.

file locking — захват файла. ♦ Режим использования файла процессом, делающий файл на время использования недоступным для других процессов.

file pointer — указатель файла. ♦ Указатель, отмечающий следующий байт, который должен быть прочитан, или адрес в памяти, куда будет занесен следующий байт, записанный в файл. В случае структурированных файлов указатель адресуется не к байтам, а к номерам записей.

file scope — или global scope, файловый контекст или глобальный контекст. ♦ Степень видимости идентификатора (имени в языках C и C++), когда этот идентификатор описан за пределами классов.

file server — файловый сервер. ♦ Компьютер, поставляющий файлы по запросам от других компьютеров сети.

file status — состояние файла. ♦ Информация о том, существует ли файл, о датах и времени его создания и изменения, о его размере в байтах и его атрибутах.

file transfer protocol — или FTP, протокол передачи файлов. ♦ Протокол, определяющий правила считывания каталогов с FTP-сервера, записи файлов на FTP-сервер и копирования файлов в «домашние» каталоги или непосредственно на компьютер пользователя.

file time — время файла. ♦ Величина, содержащая время создания файла, время последнего обращения к нему или последней модификации файла.

filename extension — расширение файла. ♦ Согласно правилам именования файлов, принятым в MS-DOS, расширение состоит не более чем из трех символов.

filename extension mapping — или associating, ассоциирование расширения файла с типом файла. ♦ Например, операционная система Windows по умолчанию считает все файлы с расширением TXT документами программы «Блокнот» (Notepad), все файлы с расширением BMP — документами редактора Paint, и т.д.

filter — 1) фильтр, программа фильтрации. ♦ Программа отбора данных по определенному критерию; 2) фильтр, шлюз. ♦ Устройство, обеспечивающее связь двух локальных однотипных сетей. Фильтр выполняет прием пакетов из одной локальной сети, их буферизацию и пересылку в другую локальную сеть; 3) фильтр. ♦ В сети Интернет — функция ISAPI, которая производит оценку поступающих к серверу запросов и отправляемых сервером ответов протокола HTTP и запрещает или разрешает запросы и отклики определенного вида.

filtering — фильтрование. ♦ Процесс, используемый в аналоговой и цифровой обработке изображений, заключающийся в уменьшении ширины диапазона частот или объема памяти, необходимого для передачи изображения за счет удаления части информации (например, низких и высоких частот) или усреднения характеристик соседних элементов изображения.

firewall — брандмауэр. ♦ Система или комбинация систем, создающая барьер в одном направлении между двумя или более сетями, обычно из соображений безопасности. Брандмауэры выполняют все функции связи между локальной сетью и внешним окружением (сетью Интернет), предотвращая несанкционированный доступ из сети Интернет в локальную сеть. *См. proxy-server.*

firewall router — маршрутизатор-брандмауэр. ♦ Маршрутизатор, который пропускает часть потока сообщений в сеть выборочно, согласно заданному (обычно по соображениям безопасности) критерию.

fixup — или relocation information, информация о перемещении. ♦ Информация, вырабатываемая компоновщиком для адресов, которые не могли быть определены во время компоновки.

FIXUPP — запись определения адреса FIXUPP. ♦ Запись, вырабатываемая транслятором для каждого адреса, который он не смог определить (например, адреса внешних символов). Запись FIXUPP содержит информацию, необходимую компоновщику для определения адреса.

flag — **1)** флаг, отметка. ♦ Идентификатор, используемый компьютером в процессе обработки информации, сигнал, указывающий на создание или выполнение некоторого условия; **2)** разделитель кадров. ♦ В протоколах передачи данных X.25, SDLC и HDLC — стандартная синхронизирующая последовательность, начинающая и заканчивающая передачу кадра.

floating toolbar — плавающая панель инструментов. ♦ Панель инструментов, которая может находиться в любом месте экрана, всегда поверх изображения остальных окон.

floating type — тип с плавающей запятой. ♦ Общее название для арифметических типов данных, способных хранить величины с плавающей запятой. В языках C и C++ к типам с плавающей запятой относятся собственно «тип с плавающей запятой», «двойной тип» и «длинный двойной тип».

floating-point function — функция с плавающей запятой. ♦ Функция, выполняющая преобразование в данные типа «с плавающей запятой».

floating-point number — или real number, число с плавающей запятой, или действительное число. ♦ Число, состоящее из целой и дробной части.

FNC — или Federal Network Council, федеральный совет по сетям. ♦ В США — консультативный орган на правительственном уровне, занимающийся вопросами использования различных компьютерных сетей, в том числе Интернета.

focus — выбор. ♦ Выделение определенного элемента в объекте интерфейса пользователя, таком как окно, вид, диалоговое окно, для ввода в этот элемент пользователем данных с клавиатуры. Частным случаем выбора является подсветка. *См. highlighting.*

FOIRL — волоконно-оптический канал для соединения повторителей. *См. fiber optic inter-repeater link.*

font — шрифт. ♦ Полный набор знаков, включающий все буквы, цифры, знаки препинания одного стиля, размера и начертания.

font family — семейство шрифтов. ♦ Группа шрифтов со схожими характеристиками. Используемые в Windows шрифты относятся к семействам Roman, Swiss, Modern, Script и Decorative.

font mapper — программа подбора шрифта. ♦ Компонент операционной системы Windows, используемый для выбора физического шрифта, наиболее полно соответствующего логическому шрифту.

font resource — ресурс шрифтов. ♦ Таблица шрифтов, содержащая образцы всех шрифтов, которые могут быть использованы прикладными программами.

foreground color — цвет символов. ♦ Цвет, выбранный для изображения линий и текстовых знаков на экране.

foreground task — приоритетная задача. ♦ Задача, которая выполняется с наибольшим приоритетом.

foreground window — или active window. ♦ Переднее, или активное окно, окно, с которым пользователь работает в данный момент.

foreign key — внешний ключ. ♦ Столбец или комбинация столбцов, величины в которых должны соответствовать величине первичного ключа в другой таблице.

form — форма. ♦ Программное окно, содержащее специальные элементы управления, такие как диалоговые окна, которые разрешают вводить, просматривать и изменять данные.

form-based application — приложение, основанное на формах. ♦ Приложение, интерфейс пользователя которого основан на формах. *См. form.*

formal argument — или formal parameter, аргумент или формальный параметр. ♦ Аргумент, определяемый в заголовке функции и используемый в теле функции.

format — **1)** формат. ♦ Структура и способ представления данных в файле, базе данных, текста в документе и т.д.; **2)** разметка, формат (диска). ♦ Способ разметки поверхности диска на адресуемые элементы (дорожки и сектора).

format string — строка формата. ♦ Строка, которая может содержать спецификации различных типов форматов.

formatting rectangle — форматирующий прямоугольник. ♦ В Windows — прямоугольник для форматирования текста, появляющийся в окне документа. Приложение может сделать этот прямоугольник большим или меньшим по размеру, чем окно документа.

forward reference — ссылка вперед. ♦ В языках С и С++ — ссылка на класс, переменную или функцию, которые были описаны, но еще не определены.

FPNW — служба обработки файлов и печати для NetWare. *См. file and print services for NetWare.*

fractals — рекурсивная графика. ♦ Наряду с векторной и растровой графикой рекурсивная графика представляет собой метод построения компьютерного изображения. В рекурсивной графике линии изображения описываются математическими формулами, на основе которых воссоздается изображение.

frame — **1)** кадр. ♦ В сетях передачи данных — группа данных, передаваемая канальным уровнем сетевого взаимодействия; **2)** кадр. ♦ Полное изображение одного экрана в видео или при обработке изображений в системах мультимедиа; **3)** рамка. ♦ В интегрированных системах — часть структурированного документа, содержащая таблицу, график, текст или несколько вложенных рамок и отображаемая на экране в отдельном окне.

frame allocation — выделение памяти при активизации. *См. stack frame.*

frame grab — захват кадра, ввод кадра изображения. ♦ Процесс выборки индивидуальных полей или кадров из исходного аналогового видеосигнала и хранения их в цифровом виде в ОЗУ.

frame grabber — или frame storer, устройство ввода кадра. ♦ Устройство, предназначенное для захвата и хранения кадра изображения.

frame relay — ретранслятор кадров. ♦ Сеть синхронной передачи данных на основе протокола HDLC, передающая данные в виде пакетов HDLC.

frame window — окно-рамка. ♦ В библиотеке MFC — окно, координирующее взаимодействие приложения с документом и видом документа. Окно-рамка представляет собой рамку вокруг вида с дополнительной строкой состояния и стандартными органами управления окном, такими как меню управления, кнопки и т.д.

framework — основа приложения. *См. application framework.*

free store — динамическая область памяти. *См. heap.*

frequency shift keying — или FSK, частотная манипуляция. ♦ Метод передачи цифровой последовательности, состоящей из единиц и нулей, с помощью двух частот.

fresh data — свежие данные. ♦ Данные в кэш-памяти, которые соответствуют текущим значениям данных источника.

friend — ключевое слово, используемое в описании класса для обозначения функции, не являющейся членом данного класса, но имеющей доступ к защищенным членам данного класса.

friendly name — удобное для пользователя имя. ♦ Адрес, заменяющий цифровой адрес протокола Интернета (IP), например www.microsoft.com вместо IP-адреса 157.45.60.81. Существует несколько различных способов связи IP-адреса с удобным для пользователя именем. Использование DNS — один из самых распространенных способов. *См. DNS.*

front end — со стороны пользователя, работающий на начальном уровне.

front end application — приложение, работающее на начальном уровне. ♦ В приложениях типа «клиент/сервер» — приложение, работающее на стороне пользователя и используемое пользователем для доступа к базам данных и ввода данных. *См. back end application.*

FSK — частотная манипуляция. *См. frequency shift keying.*

FTP — протокол передачи файлов. *См. file transfer protocol.*

full duplex Switched Ethernet — или FDSE, дуплексная коммутируемая сеть Ethernet. ♦ Вариант коммутируемой сети Ethernet, не использующий многостанционный доступ с контролем несущей и определением коллизий (CSMA/CD), а использующий модифицированные платы сетевого интерфейса, обеспечивающие дуплексный режим работы станций. *См. duplex, Switched Ethernet.*

full duplex Token Ring — дуплексная сеть Token Ring. ♦ Сеть Token Ring, в которой индивидуальные компьютеры снабжены модифицированными адаптерами, обеспечивающими дуплексное подключение. *См. duplex.*

full-motion video — видеофильм кинематографического качества.

full server application — приложение — полный сервер. ♦ В OLE Automation — приложение, которое может исполняться в автономном режиме или может быть запущено приложением — клиентом OLE. Приложение — полный сервер может сохранять документы в виде файлов на диске, а также выполнять и связь, и внедрение объектов. *См. mini-server application.*

fully qualified path — или absolute path, полный путь доступа. ♦ Путь, определяющий местоположение файлов и каталогов, который включает в себя название диска и всех участвующих каталогов.

function — **1)** функция. ♦ Блок кода, процедура, выполняющая одну или несколько определенных задач и возвращающая результат вызвавшему ее процессу; **2)** функция. ♦ В математике — отображение, ставящее в соответствие каждому значению аргумента только одно значение отображения.

function body — тело функции. ♦ Часть определения функции, содержащая описание локальных переменных этой функции и исполняемых операторов.

function counting — счет функций. ♦ Метод анализа программы во время ее исполнения, при котором специальная подпрограмма построения профиля регистрирует, сколько раз была вызвана каждая функция.

function coverage — эффективность функций. ♦ Метод анализа программы во время ее исполнения, при котором специальная подпрограмма построения профиля регистрирует, была ли вызвана та или иная функция. Проверка эффективности функции позволяет выявить части кода, которые не исполняются во время исполнения программы.

function declaration — описание функции. ♦ Оператор, содержащий тип данных возврата, имя функции, список имен и типов формальных параметров.

function definition — определение функции. ♦ Определение, содержащее имя функции, тип и количество параметров, тип возврата и, в отличие от описания, также тело функции, то есть собственно код, составляющий функцию.

function overloading — перегрузка функции. ♦ В языке С++ — ситуация, когда несколько функций определены под одним именем и в одном контексте, но с разными параметрами.

function overriding — замещение функции. ♦ В языке С++ — повторное определение функции, являющейся членом базового класса, сделанное из производного класса. Замещающая функция при этом имеет то же имя, параметры и тип возврата, что и замещенная функция.

function profiling — построение профиля функции. ♦ Анализ кода функции во время ее исполнения, регистрация количества вызовов функции и времени каждого вызова.

function scope — область видимости функции, контекст функции. ♦ В языках С/С++ — область видимости метки функции. *См. label.*

function set — набор функций. ♦ Одна или более функция или объект, который может быть экспортирован совместно используемой библиотекой таким образом, что будет доступен другим программам.

function template — шаблон функции. ♦ Метод определения набора функций, основанных на одном коде, но работающих с различными типами или классами.

function timing — временная диаграмма функций. ♦ Метод анализа программы во время ее исполнения, при котором специальная подпрограмма построения профиля регистрирует количество вызовов каждой функции, а также время, занятое каждой функцией.

function-prototype scope — область видимости прототипа функции. ♦ В языке С++ — область видимости идентификатора, который обозначен в описании внешней функции (прототипе).

functionality — функциональные возможности (программы или компонента программы).

fundamental type — основной, базовый тип (данных). ♦ Тип данных, встроенный в язык программирования.

G

gain — коэффициент усиления. ♦ В электронных устройствах — отношение выходной мощности устройства к входной, выраженное чаще всего в децибелах (дБ).

garbage collector — «сборщик мусора». ♦ Программа чистки памяти.
gateway — шлюз, межсетевой шлюз. ♦ Устройство, позволяющее связываться между собой компьютерам или сетям с различными протоколами. Шлюз обычно работает на сеансовом уровне сетевого взаимодействия.
gateway PC — компьютер-шлюз. ♦ Персональный компьютер, снабженный аппаратным и программным обеспечением шлюза, используемый в качестве переходного устройства между локальной сетью и другой машиной, чаще всего большой ЭВМ.
gateway service for NetWare — или GSNW, служба межсетевых шлюзов для NetWare. ♦ Компонент сервера Windows NT, позволяющий компьютеру, работающему в операционной системе Windows NT, получать доступ к серверам NetWare.
GDI — графический интерфейс устройства. *См. graphics device interface.*
general protection fault — или GPF, общая ошибка защиты. ♦ Аномальная ситуация, ошибка, возникающая, когда приложение обращается к части памяти, не принадлежащей этому приложению.
GIF — формат графических файлов. *См. graphics interchange format.*
global — глобальный, универсальный. ♦ Относящийся ко всему файлу, документу, программе.
global variable — глобальная переменная. ♦ Переменная, доступная всем компонентам программы.
globally unique identifier — универсальный уникальный идентификатор. *См. universally unique identifier, UUID.*
glyph — глиф. ♦ Битовый массив, множество точек или набор графических команд, описывающих один знак или символ шрифта.
GMT — или Greenwich mean time, всемирное время по Гринвичу. ♦ Всемирный стандарт времени, то же, что UMT. *См. absolute time.*
Gopher — служба типа «клиент/сервер», позволяющая пользователю просматривать большие количества информации. Это приложение предоставляет пользователю информацию в формате меню. Название происходит от названия сервера, разработанного в университете штата Миннесота.
Gopher Plus — усовершенствованная версия службы Gopher, позволяющая получить больше информации о найденном объекте (размер объекта, дату последних изменений, имя админист-

ратора), а также дающая возможность выводить один и тот же файл на экран в различных форматах (текстовом, полнотекстовом, PostScript).

Gopherspace — пространство службы Gopher. ♦ Все файлы, доступные серверу Gopher через протокол Gopher.

GOSIP — или Government Open System Interconnect Profile, правительственные рекомендации для модели OSI. ♦ Набор дополнительных стандартов для модели OSI, рекомендуемый правительством США.

GPF — общая ошибка защиты. *См. general protection fault.*

grabber — компонент видеосистемы Windows, обеспечивающий трансляцию вывода от приложений MS-DOS, работающих в окне Windows, в формат, воспринимаемый подсистемой GDI Windows.

gradient — **1)** математический градиент; **2)** градиент. ♦ В компьютерной графике — плавный переход от одного цвета к другому или от белого к черному (и наоборот).

graphic object — графический объект. ♦ В Windows — один из инструментов для рисования: карандаш, кисть, палитра и т.д., предоставляемый пользователю в контексте устройства.

graphical user interface — или GUI, графический интерфейс пользователя. ♦ Интерфейс, дающий пользователю возможность выбирать команды или другие возможности и затем активизировать выбранную команду или возможность с помощью клавиатуры или мыши.

graphics device interface — или GDI, графический интерфейс устройства. ♦ Программа, обрабатывающая вызовы графических функций, поступающие от различных прикладных программ в Windows, и передающая эти вызовы к соответствующему драйверу устройства. Одна из основных задач GDI.

graphics interchange format — или GIF, формат обмена графических файлов. ♦ Один из форматов уплотнения сигналов, несущих информацию об изображении. Внедрен службой Compuserve.

gray scale — шкала серого. ♦ Диапазон оттенков серого цвета, промежуточных между черным и белым. Используется для оценки яркости изображения.

group — **1)** группа. ♦ Множество, на котором определены ассоциативная операция и соответствующие ей единичный элемент и обратная операция; **2)** группа. ♦ В Windows — множество приложений в окне «Диспетчера программ» (Program Manager).

group-box (control) — поле группы. ♦ Прямоугольник, визуально объединяющий группу связанных друг с другом органов управления, обычно пометок включенности опций или зависимых клавиш. Само по себе поле группы не задает никаких параметров, это просто графическое устройство, упрощающее использование сложных диалоговых окон.

GSM 6.10 Audio (Microsoft) — название кодека, разработанного Microsoft. ♦ Программа для кодирования-декодирования звуковых сигналов. Кодек GSM соответствует требованиям Европейского института стандартов в связи (ETSI).

GSNW — служба межсетевых шлюзов для NetWare. *См. gateway service for NetWare.*

guarded body of code — защищенное тело кода. ♦ Набор операторов кода, защиту которых осуществляет программа — обработчик особых ситуаций.

GUI — графический интерфейс пользователя. *См. graphical user interface.*

GUID — универсальный уникальный идентификатор. *См. globally unique identifier.*

H

HAL — уровень абстракции аппаратного обеспечения (в Windows NT). *См. hardware abstraction level.*

handler — 1) программа-отладчик. ♦ Программа обработки некоторых распространенных и сравнительно простых ситуаций, таких как восстановление после ошибки или перемещение данных; 2) подпрограмма взаимодействия. ♦ В OLE — динамически загружаемая библиотека, которая содержится в процессе-клиенте и сама выполняет некоторые задачи, порученные ей сервером, а выполнение остальных задач поручает серверу.

hardware abstraction level — или HAL, уровень абстракции аппаратного обеспечения. ♦ Слой архитектуры операционной системы, позволяющий Windows NT работать с различными моделями аппаратного обеспечения.

hash table — хеш-таблица. ♦ Таблица, организованная по принципу хеширования. *См. hashing.*

hash value — значение хеш-ключа. ♦ Значение, определяющее либо положение соответствующей записи в хеш-таблице, либо отправную точку для поиска соответствующей записи. *См. hashing.*

hashing — хеширование. ♦ Способ организации структур данных (хеш-таблиц). Положение элемента данных (записи) в хеш-таблице устанавливается значением функции расстановки, определяющей соответствие множества значений ключей записей множеству индексов таблицы и обеспечивающей ее равномерное заполнение.

HDLC protocol — или high-level data link control protocol, протокол управления каналами передачи данных высокого уровня. ♦ Протокол, определяющий работу аппаратных средств, используемых для организации каналов передачи данных. Наиболее распространенная модификация этого протокола — разработанный IBM протокол SDLC. *См. SDLC.*

HDTV — телевизионный сигнал высокой четкости. *См. high definition TV.*

head — **1)** голова. ♦ Первый элемент списка, строки, очереди на передачу; **2)** головка. ♦ Устройство считывания-записи в дисководе; **3)** печатающая головка. ♦ Печатающий механизм принтера.

head-end — распределитель. ♦ Часть широкополосной сети или станция в этой сети, принимающая сигналы в одном диапазоне частот и ретранслирующая их на других частотах.

header — **1)** заголовок. ♦ Часть программы, файла, сообщения или записи, содержащая его внешнее описание; **2)** шапка, верхний колонтитул страницы документа.

header (H) file — файл заголовка. ♦ В языке С — внешний файл, написанный на языке С и определенный в начале программы, содержащий типы данных и переменные, используемые функциями в программе. Ряд Н-файлов определен стандартом С.

header control — заголовок управления. ♦ В библиотеке Microsoft Foundation Classes — окно, обычно расположенное над колонками текста или цифр, содержащее заголовки колонок и разделенное на части по числу колонок. Пользователь может передвигать разделители, устанавливая ширину колонок.

heap — **1)** или free store, динамическая область, «куча». ♦ Область памяти, выделенная для хранения структур данных, размер и само существование которых не могут быть определены до начала выполнения программы. Сегменты этой области памяти распределяются динамически, во время исполнения программы; **2)** неупорядоченный массив (данных). ♦ В сортировке — частично упорядоченное полное двоичное дерево.

heartbeat — «сердцебиение». ♦ Название теста в протоколе Ethernet, версия 2, проверяющего работу трансивера в случае столкновений в сети, теста очень сходного (но не идентичного) с тестом SQE в стандарте IEEE 802.3. *См. SQE.*

help (HLP) file — справочный файл. ♦ Файл, содержащий справочную информацию в текстовом или графическом виде.

help context — контекст справки. ♦ Строка и номер (идентификатор контекста справки), которые приложение передает во время обращения к справочной системе Windows, необходимые для нахождения и вывода на экран справочной темы.

help map (HMP) file — файл карты справок. ♦ Файл, задающий соответствие между идентификаторами контекста справки и идентификаторами диалоговых окон, меню и других ресурсов приложения.

help project (HPJ) file — проектный файл справки. ♦ Проектный файл, управляющий созданием справочных (HLP) файлов из тематических файлов с помощью компилятора справки Windows.

help topic — справочная тема. ♦ Отдельный, законченный по смыслу блок информации в текстовом или графическом виде, составная часть справочного (HLP) файла.

hexadecimal — или hex, шестнадцатеричный. ♦ Принадлежащий к системе счисления с основанием 16.

hidden text — скрытый текст. ♦ Участок текста документа, оформленный таким образом, что он по умолчанию не выводится на экран и на печать.

hierarchical database — иерархическая база данных. ♦ База данных, структура которой, в отличие от реляционной базы данных, представляет собой дерево.

high definition TV — или HDTV, телевизионный сигнал высокой четкости. ♦ Предложенный в 1996 году стандарт теле- и видеосигнала, рекомендующий увеличить в два раза существующую разрешающую способность (с 525 до 1050 строк на один кадр в североамериканском стандарте NTVS) и изменить формат кадра (отношение ширины к высоте) с 12:9 на 16:9.

high memory area — или HMA, область высокой памяти. ♦ Первые 64 Кбайт расширенной памяти. Область, в которую на компьютерах с микропроцессором не ниже 80286 может быть загружена часть ядра операционной системы MS-DOS, что позволяет более экономно использовать обычную память.

high order — старший разряд (в группе битов или байтов). ♦ В группе битов старшим разрядом является крайний левый разряд, в группе байтов старшинство определяется специальным правилом. *См. byte-ordering convention, big-endian, little-endian.*

high performance file system — или HPFS, высокопроизводительная файловая система. ♦ Система организации файлов операционной системы OS/2. HPFS использует длинные имена файлов, состоящие из знаков обоих регистров, расширенные атрибуты, а также несколько уровней буферов ввода-вывода. Поддерживалась также операционной системой Windows NT до версии 3.51 включительно.

High Sierra format — стандартный формат записи файлов и каталогов в постоянное запоминающее устройство на компакт-диске, принятый организацией ISO в качестве стандарта ISO 9960.

highlighting — подсветка знаков или части текста на экране. ♦ Показ знаков или части текста с большей, чем другие знаки, яркостью или использование «негативного» изображения, то есть изображение выделенных знаков светлым тоном на темном вместо темного тона на светлом.

HiPPI — или high performance parallel interface, высокоскоростной параллельный интерфейс. ♦ Интерфейс для сетей передачи данных, соответствующий стандарту Американского национального института стандартов (ANSI) X3T9.3.

hit count — счет вызовов. ♦ Количество вызовов функции или строки кода за время исполнения программы, зарегистрированное подпрограммой построения профиля.

hit-test code — код проверки совпадения. ♦ Код, определяющий положение курсора в рабочем окне.

HLI — интерфейс основного языка. *См. host language interface.*

HMA — область высокой памяти. *См. high memory area.*

hollow brush — бесцветная кисть. *См. null brush.*

home directory — «домашний» каталог. ♦ Корневой каталог для службы информационного сервера сети Интернет, доступный пользователю. Обычно домашний каталог Web-сайта содержит домашнюю страницу.

home page — «домашняя» страница. ♦ Основная страница Web-сайта, страница, которую посетитель Web-сайта обычно видит первой.

hook — захват, точка захвата. ♦ Точка в программе, в которой программист может подключить или вставить другие подпрограммы для обнаружения ошибок или улучшения функциональных возможностей программы.

hook procedure — процедура захвата, захватчик. ♦ Процедура, которая отслеживает появление в системе определенных сообщений и обрабатывает их.

horizontal DLU (dialog unit) — единица ширины диалогового окна, средняя ширина знака, используемого диалоговым окном шрифта, деленная на 4. *См. DLU.*

host computer — 1) или host, главный компьютер, инструментальный компьютер. ♦ Компьютер, к которому подключены удаленные терминалы и периферийные устройства, использующие его процессорную мощность; 2) или host, главный компьютер, ведущий компьютер. ♦ Компьютер, начинающий сеанс связи и управляющий процедурой обмена при передаче данных; 3) или server, главный компьютер, сервер. ♦ В компьютерной сети — компьютер, выполняющий определенные функции (обработки файлов, печати) по запросам других компьютеров сети.

host language — основной язык, включающий язык. ♦ Язык программирования, который включает в себя другой язык.

host language interface — или HLI, интерфейс основного языка. ♦ Интерфейс для основного языка программирования, предоставляемый системой управления базой данных.

HOSTS file — файл HOSTS. ♦ Местный текстовый файл операционной системы Windows NT, содержащий карту соответствия между именами компьютеров и их IP-адресами.

hot key — «горячая» клавиша. ♦ Определенная пользователем (или приложением) комбинация клавиш, нажатие которых позволяет быстро выполнить какое-то действие. *См. accelerator key.*

hot link — «горячий» канал, гиперканал. *См. hyperlink.*

hot spot — «горячая» точка. ♦ Область на экране, в которой меняется вид курсора, указывая на то, что если пользователь щелкнет в этом месте клавишей мыши, то будет выполнено определенное действие, чаще всего переход на другую страницу (способ, применяемый в файлах справочной системы и на страницах HTML). *См. jump.*

hourglass cursor — курсор — песочные часы. ♦ Курсор в виде песочных часов, появляющийся на экране, когда программа выполняет длительную задачу и пользователю приходится ждать.

HPFS — высокопроизводительная файловая система. *См. high performance file system.*

HSB — или hue saturation brightness, «цвет, насыщенность, яркость». ♦ Модель описания цвета изображения, в которой любой цвет может быть определен с помощью трех составляющих: основного тона, цветовой насыщенности и яркости.

HSSI — или high speed serial interface, высокоскоростной последовательный интерфейс в сетях передачи данных.

HTML — язык описания гипертекста. *См. hypertext markup language.*

HTTP — протокол передачи гипертекста. *См. hypertext transfer protocol.*

HTTP server — сервер HTTP или Web-сервер. ♦ Сервер, предоставляющий услуги, предусмотренные протоколом HTTP.

hub — «центр звезды». ♦ Устройство в центре локальной сети, имеющей конфигурацию звезды, к которому подсоединены все рабочие станции этой сети и которое обеспечивает связь всех рабочих станций сети между собой. Чаще всего в качестве центра звезды используется многопортовый промежуточный усилитель или концентратор.

hue — или tint, цвет, основной тон, чистый цвет. *См. HSB.*

hyperlink — или link, hot link, гиперсвязь. ♦ Средство для перехода от одной Web-страницы к другой. Гиперсвязь включает в себя текст, который пользователь видит на экране, и адрес ресурса в сети Интернет, к которому пользователь перейдет, если он выберет этот канал. *См. anchor.*

hyperlink address — адрес гиперсвязи. ♦ Путь к объекту, документу или странице, к которой перейдет пользователь, если выберет этот канал.

hyperlink base — база, базовый адрес гиперсвязи. ♦ Относительный составной путь страницы или документа, с которым пользователь работает в данный момент, путь, основанный на выбранном пользователем пути.

hypertext link — связь между гипертекстами. ♦ Связь, реализующая в Web-документе ссылку на другой Web-документ. Для пользователя такая связь имеет вид выделенного цветом названия Web-страницы, на которую делается ссылка. Щелкнув мышью на выделенном названии, пользователь автоматически переходит к этой странице.

hypertext markup language — или HTML, язык описания гипертекста. ♦ Язык, происходящий от стандартного обобщенного языка описания (SGML), используемый для создания текстовых документов, снабженных спецификациями формата, которые определяют, в каком виде программа-обозреватель будет выводить на экран страницы этого документа.

hypertext reference — указатель, ссылка на гипертекст. ♦ Атрибут якоря языка HTML, определяющий этот якорь как гиперсвязь. Указатель определяет место назначения гиперсвязи.

hypertext transfer protocol — или HTTP, протокол передачи гипертекста. ♦ Протокол сети Интернет, используемый программами-обозревателями и серверами сети для обмена информацией.

Hz — Гц, Герц. ♦ Единица измерения частоты.

I

i750в — торговая марка, принадлежащая Intel. ♦ Название семейства программируемых видеопроцессоров.

IANA — или Internet Assigned Numbers Authority, Комитет по назначению параметров Интернета. ♦ Координирующий орган по назначению и использованию уникальных значений параметров для протоколов Интернета.

ICMP — протокол управляющих сообщений Интернета. *См. Internet control message protocol.*

icon — значок, пиктограмма функции. ♦ В системах типа «рабочий стол» (в Windows) — изображение доступного пользователю объекта на экране в графической форме, в виде небольшого рисунка, значка.

icon file — файл значка. ♦ В Windows — файл, содержащий битовый массив значка, обычно такие файлы имеют расширение (ICO).

icon resource — ресурс значка. ♦ Значок, хранимый в файле определения ресурсов приложения.

IDC — приложение для подсоединения к базам данных из Интернета. *См. Internet database connector.*

idle state — состояние простоя, ожидания. ♦ Состояние приложения, диалогового окна или меню, когда обработка сообщения закончена и нет сообщений, ожидающих очереди на обработку. *См. idle time.*

idle time — время простоя, ожидания. ♦ Период, в течение которого очередь сообщений, ожидающих обработки, пуста. В этот период приложение может выполнять фоновые задачи.

IEEE — или Institute of Electrical and Electronic Engineers, Институт инженеров по электротехнике и электронике.

IEEE 802 — Project 802, документ IEEE, содержащий спецификации локальных сетей. ♦ Отчет о проекте разработки спецификаций для локальных сетей, выпущенный IEEE в феврале 1980 года (отсюда название 802).

IEEE 802.1 — документ, определяющий принципы управления сетями и применения мостов в локальных сетях, соответствующих стандартам IEEE 802.

IEEE 802.2 — документ, определяющий организацию каналов передачи данных для всех типов локальных сетей, соответствующих стандартам IEEE 802.

IEEE 802.3 — документ, определяющий работу локальных сетей с топологией «шина», использующих многостанционный доступ с контролем несущей и определением столкновений. *См. CSMA/CD.*

IEEE 802.4 — документ, определяющий работу локальных сетей с топологией «шина» и с передачей маркера. *См. token bus.*

IEEE 802.5 — документ, определяющий работу локальных сетей типа Token Ring с передачей маркера. *См. token ring.*

IEEE 802.6 — документ, определяющий работу сетей масштаба города. *См. MAN.*

IEEE 802.7 — документ, содержащий набор рекомендаций для широкополосных сетей.

IEEE 802.8 — документ, содержащий набор рекомендаций для сетей, использующих оптоволоконный кабель, в частности, для сетей протокола FDDI со скоростью передачи данных 100 Мбайт/с. *См. FDDI.*

IEEE 802.9 — документ, содержащий набор рекомендаций для интегрированных сетей передачи данных и телефонии.

IEEE 802.10 — документ, содержащий набор рекомендаций о безопасности сетей.

IEEE 802.11 — документ, содержащий набор рекомендаций для беспроводных сетей Ethernet.

IEEE 802.12 — документ, содержащий набор рекомендаций для сетей с доступом по приоритету запроса 100VG-AnyLAN.

IETF — или Internet Engineering Task Force, Инженерные силы Интернета. ♦ Рабочий комитет, разрабатывающий стандарты для сети Интернет.

IFS — устанавливаемая файловая система. *См. installable file system.*

IFSMGR — или installable file system manager, менеджер устанавливаемой файловой системы. ♦ Программа управления устанавливаемой файловой системой (IFS). *См. installable file system.*

IIS — *см. Internet information server.*

IMA — или Interactive Multimedia Association, Ассоциация (разработчиков) интерактивных систем мультимедиа. ♦ Ассоциация, занимающаяся разработкой и внедрением стандартов и спецификаций для систем комплексного представления информации (мультимедиа), основана в 1991 году.

IMA ADPCM — стандартный кодек IMA ADPCM. ♦ Программа кодирования-декодирования на основе адаптивной кодовой модуляции разностного сигнала (ADPCM), пригодная для использования аппаратным обеспечением различных моделей, утвержденная в качестве стандарта IMA, кодек, сходный с кодеком ADPCM (Microsoft). *См. ADPCM, ADPCM (Microsoft).*

image — 1) изображение. ♦ В компьютерной графике — представление изображения, пригодное для обработки программами; 2) образ. ♦ Логическая копия данных, имеющихся в другом месте или в другом представлении.

image list — список образов. ♦ В библиотеке Microsoft Foundation Classes — массив, содержащий набор образов одинакового размера. Списки образов используются для упрощения работы с большими наборами значков или битовых массивов.

image resolution — разрешение изображения. ♦ Характеристика качества изображения, переведенного в цифровую форму, измеряется в точках на дюйм (dots per inch, dpi).

IMAP — протокол доступа к электронной почте Интернета. *См. Internet mail access protocol.*

IMC — соединитель для электронной почты Интернета. *См. Internet mail connector.*

IM III — или Intelligent Messaging III, торговая марка, название программного обеспечения — сервера электронной почты для сетей Banyan и VINES.

immediate rendering — немедленное представление данных. ♦ В операции пересылки данных — подготовка данных, делающая их доступными приложению немедленно при поступлении, не дожидаясь запроса от приложения. *См. delayed rendering.*

impersonation token — маркер персонификации. ♦ В Windows NT — маркер доступа, позволяющий серверу присвоить себе права допуска процесса-клиента. Используя маркер персонификации, сервер может участвовать в процедурах безопасности, выдавая себя за процесс-клиент.

implementation — реализация, применение. ♦ Конкретное представление некоторого абстрактного описания или идеи.

implementation file — файл реализации. ♦ В библиотеке основных классов Microsoft — программный файл, обычно содержащий код на языке C++ и имеющий расширение CPP или CXX. Файл реализации содержит определение класса, а также код, который реализует функции — члены класса.

implementation-defined — определенное реализацией (поведение программы). ♦ Поведение программы, которое определяется условиями реализации программы, например исполняется ли программа на 16-битной или на 32-битной платформе.

import computer — компьютер-импортер. ♦ Сервер или рабочая станция, на которую осуществляется копирование основного набора каталогов с сервера, называемого сервером-экспортером. *См. directory replication.*

import file — файл импорта. ♦ Файл, содержащий описание импортируемых функций и данных.

imported function — импортированная функция. ♦ Функция, описанная в одном модуле, но вызванная и исполняемая другим модулем, например библиотекой динамической компоновки или исполняемым файлом.

IMS — система управления информацией. *См. information management system.*

in-memory file — файл в памяти. ♦ Файл, который ведет себя как файл, записанный на диске, хотя его содержимое хранится в ОЗУ.

in-place activation — или in-place editing, visual editing, активизация по месту, редактирование по месту. ♦ Возможность активизировать объект внутри контекста несущего документа, в отличие от открытия объекта в отдельном окне.

in-process server — сервер внутри процесса. ♦ Компонент ActiveX, который исполняется в том же блоке памяти, что и несущее приложение.

inbound band — входной диапазон частот. ♦ Диапазон частот, в котором передаются данные от узла локальной сети к распределителю. *См. headend.*

increment (++) operator — оператор инкремента, оператор увеличения. ♦ Оператор, определяющий, что значение его операнда должно быть увеличено на 1.

incremental link — выборочная компоновка. ♦ Процесс обновления компоновки, когда выполняется компоновка только тех программных файлов, которые были созданы или изменены после последней компоновки.

incremental status file — файл состояния выборочной компоновки. ♦ Автоматически генерируемый файл, содержащий информацию о последней выборочной компоновке программы, имеет расширение ILK. *См. incremental link.*

Indeo — торговая марка, название видеоадаптера и системы уплотнения видеосигнала. ♦ Система уплотнения видеосигнала и недорогой видеоадаптер с устройством уплотнения видеосигнала, разработанный Intel и обеспечивающий хорошее качество видеосигнала, а также высокую скорость уплотнения.

independent software vendor — независимый поставщик программного обеспечения. *См. ISV.*

index — **1)** индекс. ♦ Набор указателей, порядок следования которых определяется значениями ключа; индекс обеспечивает быстрый доступ к данным в таблице базы данных; **2)** индекс. ♦ Номер элемента массива; **3)** индекс (верхний или нижний). ♦ В обработке текстов — значок, смещенный вверх или вниз относительно знаков шрифта, такой как показатель степени (верхний индекс) или индекс в химических формулах (нижний индекс).

indexed sequential access method — или ISAM, индексированный последовательный метод доступа. ♦ Способ быстрого поиска нужной записи в большой базе данных по ключу.

indirect memory operand — непрямой операнд памяти. ♦ В команде языка ассемблера — операнд памяти, величина которого используется в качестве адреса, указывающего положение искомых данных.

indirection (*) operator — или dereferencing operator, оператор разыменования. ♦ Одноместный оператор языков C и C++, использующийся для доступа к величине через указатель.

industry standard architecture — или ISA, стандартная промышленная шинная архитектура. ♦ Архитектура персональных компьютеров, впервые примененная фирмой IBM для компьютера IBM PC AT в 1984 году. *См. EISA, Micro Channel.*

Inetinfo — процесс на IIS, занимающий примерно 400 Кбайт и включающий в себя службы FTP, Gopher, HTTP, кэширования, загрузки и службы протокола SNMP.

infix notation — инфиксная запись. ♦ Запись, в которой оператор помещен между операндами. Языки C++ и Java используют исключительно инфиксную запись.

information management system — или IMS, система управления информацией. ♦ Система управления информацией для больших ЭВМ типа IBM MVS, одна из первых на рынке иерархических баз данных.

information system network — или ISN, сеть информационных систем. ♦ Разработанный корпорацией AT&T тип высокоскоростной интегрированной сети для передачи данных и телефонных сигналов.

inheritance — наследование. ♦ В объектно-ориентированном программировании — метод образования новых классов на основе существующих классов.

inheritance hierarchy — иерархия наследования. ♦ Классификация объектов, в которой каждый объект, за исключением расположенного на вершине, представляет собой, с некоторыми изменениями, вариант объекта, расположенного в иерархии над ним.

initialization — **1)** инициализация. ♦ Присваивание начальных значений переменным программы; **2)** инициализация диска. ♦ Разметка диска и запись на него управляющей информации.

initialization file — файл инициализации. ♦ Файл, используемый приложением для хранения информации, которая могла бы быть утеряна при закрытии приложения, например установленные пользователем параметры конфигурации приложения.

initializer — инициализатор. ♦ Часть описания, определяющая начальное значение объекта или переменной.

inline assemble — встроенный ассемблер. ♦ Код языка ассемблера, встроенный в компилятор другого языка программирования, позволяющий использовать команды языка ассемблера в коде программ без дополнительной трансляции и компоновки.

inline file — однострочный файл. ♦ Файл, содержащий строку, определенную в файле создания (МАК). Однострочный файл может быть вставлен в команду при создании исполнимого файла.

inline function — **1)** однострочная функция. ♦ В языке C++ — функция, определенная в теле описания класса, обычно состоящая из одной-двух строк кода; **2)** подставляемая функция. ♦ Функция, перед описанием которой стоит ключевое слово INLINE, дающее компилятору команду заменять вызовы этой функции кодом ее тела.

insertion (<<) operator — или output operator, put-to operator, оператор вставки, оператор сдвига влево. ♦ В языке C++ в зависимости от операндов — оператор поразрядного сдвига влево или оператор вывода данных.

insertion point — место вставки. *См. caret 1.*

inside-out — наизнанку, изнутри — наружу. ♦ В OLE — способ редактирования объектов на месте, в несущем документе. Такие объекты пользователь может активизировать, один раз щелкнув на объекте мышью. Когда интерфейс объекта неактивен, он остается по-прежнему видимым для пользователя. *См. outside-in.*

installable file system — или IFS, устанавливаемая файловая система. ♦ Файловая система, которая может быть динамически загружена в операционную систему. Устанавливаемыми файловыми системами Windows являются дисковая файловая система VFAT, файловая система компакт-дисков CDFS и сетевые редиректоры VREDIR (для сетей Microsoft) и NWREDIR (для сетей NetWare).

installable file system manager — диспетчер устанавливаемой файловой системы. *См. IFSMGR.*

instance — **1)** экземпляр программы. ♦ Копия программы; **2)** экземпляр. ♦ Объект определенного класса в языках C++, Java.

instance handle — определитель экземпляра. ♦ Определитель, который Windows закрепляет за каждой копией загруженного объекта или библиотекой динамической компоновки в многозадачных системах.

instantiate — создавать экземпляр объекта. ♦ Создавать или активизировать объект на основе класса, к которому этот объект принадлежит.

integral type — целочисленный тип. ♦ Тип данных, предназначенный для хранения целых чисел.

integrated services digital network — или ISDN, интегральная цифровая сеть связи. ♦ Сеть передачи данных, обеспечивающая передачу данных, телефонных и видеосигналов по специальным высокоскоростным телефонным каналам, тип сети передачи данных, признанный в качестве стандарта ITU-T.

intelligent hub — «интеллектуальный» центр звезды. ♦ Устройство в центре локальной сети, имеющей конфигурацию звезды, работой которого можно управлять с помощью протокола SNMP.

Intelligent Messaging III — или IM III, торговая марка, название программного обеспечения — сервера электронной почты для сетей Banyan и VINES.

intelligent TTL (time to live) — саморегулирующееся время жизни. ♦ Метод оптимизации работы кэш-памяти, который позволяет увеличить время жизни в кэш-памяти часто запрашиваемых объектов. *См. TTL.*

interactive courseware — диалоговое программное обеспечение для обучения с использованием компьютера. *См. courseware.*

interactive structured query language — или ISQL, диалоговая версия языка SQL. ♦ Приложение-клиент, поставляемое вместе с SQL Server, позволяет пользователю исполнять операторы и пакеты заданий языка Transact SQL и просматривать возвращенные результаты.

interactive video — интерактивное видео. ♦ Система, объединяющая видео и компьютерную технологию.

interface — **1)** интерфейс (программный). ♦ Совокупность средств и правил, обеспечивающих логическое или физическое взаимодействие программ; **2)** интерфейс (аппаратный). ♦ Устройство сопряжения или согласования (по уровням сигналов, сопротивлению и т.д.) приборов, устройств или электронных систем.

interface file — файл интерфейса. ♦ В библиотеке основных классов Microsoft — файл заголовка с расширением (H), содержащий описание класса, а также другую информацию, необходимую для использования этого класса.

interframe coding — межкадровое кодирование. ♦ Метод уплотнения видеосигнала, при котором отслеживаются и кодируются различия между соседними кадрами изображения. Такой метод обеспечивает достаточно высокий коэффициент уплотнения.

interlacing — чересстрочная развертка (видеосигнала). ♦ Попеременная передача всех четных строк (четного поля) и всех нечетных строк (нечетного поля) видеокадра.

internal linkage — внутренняя связь. ♦ Принцип построения программы, в которой имена объектов и функций должны обращаться только к программным элементам внутри их собственных программных блоков. Ключевое слово STATIC перед именем функции обеспечивает внутреннюю связь.

Internet — или Interconnected network, Интернет. ♦ Глобальная компьютерная сеть.

Internet Assistant — пакет программ для работы с сетью Интернет. ♦ Программное обеспечение, позволяющее использовать прикладные программы пакета Microsoft Office для работы с сетью Интернета.

Internet control message protocol — или ICMP, протокол управляющих сообщений Интернета. ♦ Дополнение к протоколу Microsoft IIS IP, обеспечивающее выработку сообщений об ошибках, тестовых пакетов и информационных сообщений для протокола Интернета.

Internet database connector — или IDC, приложение для подсоединения к базам данных из Интернета. ♦ Компонент для подключения к базам данных из Интернета, обеспечивающий доступ информационного Интернет-сервера к базам данных и позволяющий создавать новые Web-страницы.

Internet Information Server — или IIS, сетевой сервер файлов и приложений, разработанный фирмой Microsoft и работающий с различными протоколами.

Internet mail access protocol — или IMAP, протокол доступа к электронной почте Интернета. ♦ Протокол, работающий поверх TCP/IP, позволяющий станциям-клиентам считывать сообщения, поступившие по электронной почте на сервер, а также определяющий порядок хранения почтовых сообщений на сервере.

Internet mail connector — или IMC, соединитель для электронной почты Интернета. ♦ Компонент сервера обмена Microsoft (Microsoft Exchange Server), который входит в состав сервера Windows NT. С помощью соединителя для электронной почты Интернета можно обмениваться информацией с другими системами, использующими протокол SMTP.

Internet network information center — или InterNIC, сетевой информационный центр Интернет. ♦ Координирующий орган для регистрации имен доменов и получения адресов протокола Интернета. *См. IP address.*

Internet Newsgroup — группы обмена новостями в сети Интернет. ♦ Группы, объединяющие пользователей, которые обмениваются новостями, печатают и читают статьи по различным темам в сети Интернет. *См. Usenet.*

Internet protocol — или IP, протокол сети Интернет. ♦ Основной протокол, обеспечивающий передачу индивидуальных пакетов сообщений от одной рабочей станции сети к другой.

Internet Relay Chat — или IRC, ретранслятор переговоров Интернета. ♦ Общедоступная система, в которой пользователи собираются на канале Интернета (имеется в виду виртуальный канал, часто определенный обсуждаемой темой) для обсуждения объявленной темы в группе или для частного разговора.

Internet server — Интернет-сервер. ♦ Компьютер, подключенный к сети Интернет и получивший уникальный идентификатор и имя домена, зарегистрированные в сетевом информационном центре Интернет (InterNIC).

Internet server application — прикладная программа Интернет-сервера. *См. Internet server extension DLL.*

Internet server application programming interface — или ISAPI, интерфейс прикладных программ Интернет-сервера. ♦ Набор функций, с помощью которых Интернет-сервер взаимодействует с прикладными программами.

Internet server extensions — дополнительные интерфейсы Интернет-сервера. ♦ Набор прикладных программ, обрабатывающих запросы сервера, включающий в себя прикладные программы CGI и ISAPI. *См. CGI, ISAPI.*

Internet server extension DLL — или Internet server application, динамически загружаемый модуль Интернет-сервера или приложение Интернет-сервера. ♦ Библиотека динамической компоновки, которая может быть загружена и вызвана серверами протокола HTTP.

Internet server filter — фильтр Интернет-сервера. *См. ISAPI filter.*

Internet service provider — или ISP, оператор Интернета, компания, предоставляющая пользователям доступ к сети Интернет.

internetwork packet exchange — или IPX, протокол межсетевого обмена пакетами. ♦ Протокол транспортировки пакетов данных, используемый в сетях Novell NetWare. Протокол IPX — не ориентированный на соединение протокол, не поддерживает концепцию соединения или гарантированной доставки. Протокол IPX используется в ситуациях, когда не требуется гарантированная доставка всех пакетов или, чаще всего, в составе стека протоколов IPX/SPX.

internetwork packet exchange/sequential packet exchange — или IPX/SPX, стек протоколов IPX/SPX. ♦ Набор протоколов, используемых в сетях Novell NetWare. В этом наборе ориентированный на соединение протокол SPX работает поверх протокола IPX, обеспечивающего формирование пакетов. Microsoft разработал протокол NWLink — аналог IPX/SPX для Windows NT. *См. IPX, SPX, NWLink.*

InterNIC — сетевой информационный центр Интернет. *См. Internet network information center.*

interpolation — **1)** интерполяция, интерполирование. ♦ Математический метод построения непрерывной функции по дискретным значениям; **2)** интерполяция. ♦ В компьютерной графике — процесс усреднения параметров элементов изображения при изменении масштаба изображения. При уменьшении масштаба несколько соседних элементов заменяются одним элементом с усредненными параметрами. При увеличении масштаба создаются новые элементы изображения с усредненными параметрами.

interpreter — интерпретатор, интерпретирующая программа. ♦ Программа, которая может исполнять код, не входящий в систему собственных команд машины. Программы на языке Java часто исполняются с помощью интерпретаторов.

interprocess communication — или IPC, взаимодействие между процессами. ♦ Механизм реализации распределенной обработки данных, система обмена данными и сообщениями между процессами и задачами. Механизм, позволяющий программе предоставлять услуги другим программам и запрашивать услуги от других программ.

interrupt — прерывание. ♦ Своего рода сигнал «Внимание», отправляемый аппаратным или программным обеспечением центральному процессору, при получении которого ЦП отменяет выполнение некоторых операций и передает управление программе обработки прерывания.

interrupt request lines — или IRQ, линии прерываний. ♦ Физические линии с высоким приоритетом, по которым устройства ввода-вывода, клавиатура и дисководы могут передавать прерывания центральному процессору. *См. interrupt.*

intraframe coding — внутрикадровое кодирование. ♦ В системах мультимедиа — метод уплотнения видеосигнала, при котором уплотнение выполняется внутри каждого кадра. Обеспечивает меньший коэффициент уплотнения, чем межкадровое кодирование. *См. interframe coding.*

Intranet — интрасеть. ♦ Локальная компьютерная сеть организации (предприятия), использующая протоколы HTTP и FTP, обычно соединенная с Интернетом через брандмауэр (firewall).

intrinsic function — внутренняя, встроенная функция. ♦ В программных языках высокого уровня — функция, являющаяся частью языка.

invalid region — недействительная область. *См. update region.*

iostream — поток ввода-вывода. *См. stream I/O.*

IP — протокол сети Интернет. *См. Internet protocol.*

IP address — адрес IP. ♦ 32-битный адрес, закрепленный за каждой рабочей станцией в сети Интернет.

IP number — номер IP. ♦ Уникальный адрес, закрепленный за каждым компьютером в сети Интернет, то же, что и адрес IP, состоящий из четырех групп цифр, разделенных точками.

IPC — взаимодействие между процессами. *См. interprocess communication.*

IPX — *см. internetwork packet exchange.*

IPX/SPX — *см. internetwork packet exchange/sequential packet exchange.*

IRC — ретранслятор переговоров Интернета. *См. Internet Relay Chat.*

IRQ — линия прерывания. *См. interrupt request lines.*

ISA — **1)** industry standard architecture — стандартная промышленная шинная архитектура. *См. Micro Channel*; **2)** Internet server application — прикладная программа Интернет-сервера. *См. Internet server application*; **3)** International Standard Association — Международная ассоциация стандартов.

ISA devices — устройства с архитектурой ISA. *См. ISA 1.*

ISAM — индексированный последовательный метод доступа. *См. indexed sequential access method.*

ISAPI — интерфейс прикладных программ Интернет-сервера. *См. Internet server application programming interface.*

ISAPI filter — фильтр ISAPI, фильтр интерфейса прикладных программ Интернет-сервера, фильтр Интернет-сервера.
♦ Библиотека динамической компоновки, которая выполняет предварительную обработку запросов, поступающих на сервер, и последующую обработку откликов, посылаемых клиентам.

ISDN — интегральная цифровая сеть связи. *См. integrated services digital network.*

ISDN interface card — плата интерфейса ISDN. ♦ Плата интерфейса, сходного по своим функциям с модемом, позволяющая подключить компьютер к интегрированной цифровой сети.

ISN — сеть информационных систем. *См. information system network.*

ISO — или International Standard Organization, Международная организация по стандартизации.

ISO/OSI — модель взаимодействия открытых систем международной организации по стандартизации. *См. open system interconnection.*

ISOC — или Internet society, Общество (по использованию) сети Интернет. ♦ Консультативный орган, занимающийся вопросами использования сети Интернет.

ISP — или Internet service provider, оператор Интернета. Компания, предоставляющая доступ к сети Интернет пользователям.

ISQL — диалоговая версия языка SQL. *См. interactive structured query language.*

ISV — или independent software vendor, независимый продавец программного обеспечения.

item — **1)** элемент (данных); **2)** элементарная группа данных.
♦ Группа данных, такая как целое число, строка, набор ячеек электронной таблицы, битовый массив и т.д., которая может быть передана от одного приложения к другому при динамическом обмене данными; **3)** позиция, статья, пункт списка.

ITU — или International Telecommunication Union, Международный союз электросвязи, МСЭ. Подразделением ITU является комитет ITU-T, ранее известный как CCITT (Международный консультативный комитет по телеграфии и телефонии, МКТТ).

J

jam — «затор». ♦ Сигнал, передаваемый по сети при столкновении передаваемых данных.

Java — язык Java. ♦ Язык программирования, разработанный компанией SunSoft. Java наследует некоторые черты языка C++ и предлагается разработчиками в качестве открытого стандарта.

Java Beans — модель Java Beans. ♦ Название объектной модели, разработанной компанией SunSoft и способной взаимодействовать с различными объектными моделями, включая COM и CORBA.

Java database connectivity — или JBDC, интерфейс языка Java для подключения к базам данных. ♦ Разработанный для языка Java интерфейс, основанный на открытом интерфейсе для подключения к базам данных (ODBC).

JavaScript — язык сценариев JavaScript. ♦ Название языка сценариев, совместимого с языком Java, представляющего собой развитие языка LiveScript компании Netscape. JavaScript использует страницу HTML в качестве интерфейса.

JBDC — интерфейс языка Java для подключения к базам данных. *См. Java database connectivity.*

jet — двигатель, двигатель базы данных. ♦ Интерфейс для подключения к базам данных, входит в состав большинства офисных продуктов Microsoft.

join — **1)** объединение. ♦ Логическая операция «включающее ИЛИ»; **2)** объединение. ♦ Операция в базе данных, при которой в результирующей таблице объединяются записи из нескольких таблиц.

JPEG — или Joint Photographic Experts Group — **1)** группа объединенных экспертов по фотографии. ♦ Рабочий комитет под эгидой Международной организации по стандартизации (ISO), разрабатывающий стандарты уплотнения и разуплотнения данных в компьютерной графике; **2)** название формата уплотнения графики как цветных, так и черно-белых изображений. Формат JPEG разработан для уплотнения изображений фотографического качества, иллюстраций и т.д. и не рекомендован для уплотнения изображений типа чертежей, схем, текста или простейших рисунков.

JScript — язык JScript. ♦ Вариант языка JavaScript, разработанный Microsoft, полностью совместимый с JavaScript.

jump — 1) переход, команда перехода. *См. jump statement*; **2)** переход, скачок. ♦ В справочной системе Windows — переход к другой справочной теме, который пользователь совершает, щелкнув мышью на слове, предложении или кнопке в исходной теме. *См. hot spot.*

jump statement — оператор перехода. ♦ Оператор, немедленно передающий управление другому участку функции или возвращающий управление, переданное функции.

K

Kerberos — служба защиты данных Kerberos. ♦ Название службы защиты данных, составляющей основу большинства служб защиты данных и обеспечения секретности в среде распределенной обработки данных.

kernel — ядро программы, ядро операционной системы. ♦ Ядро определяет очередность выполнения процессов микропроцессором компьютера, обрабатывает прерывания и другие исключительные ситуации.

key — 1) кнопка, клавиша (клавиатуры); **2)** ключ. ♦ Параметр шифрования, знание которого необходимо для дешифрации; **3)** ключ. ♦ В базах данных — простой или составной элемент данных (поле или группа полей), однозначно идентифицирующих запись или указывающих ее местоположение. *См. key value.*

key value — значение ключа. ♦ Поле записи или выражение, используемое для идентификации записи или в качестве индекса в таблице базы данных.

keyword — 1) ключевое слово, дескриптор; **2)** или reserved word, зарезервированное слово. ♦ Слово, имеющее специальное значение в программе или языке программирования.

keyboard accelerator — командная клавиша. *См. accelerator key.*

keyboard shortcut — командная клавиша. *См. accelerator key.*

kiosk — киоск. ♦ Общедоступный сервер в сети Интернет.

l-value (leftside value) — именующее выражение. ♦ Левый операнд, выражение, находящееся слева от оператора присваивания, определяющее место хранения в памяти переменной, массива.

label — **1)** метка. ♦ Номер, слово или текст, служащий для идентификации или описания объектов программирования; **2)** метка оператора. ♦ В языках С и С++ — уникальное имя, за которым следует знак двоеточия (:), метка, используемая программой для обращения к оператору; **3)** метка тома. ♦ Файл или запись в начале тома (магнитной ленты или диска), содержащая служебную информацию: имя тома, формат, описание содержимого.

labeled statement — оператор с меткой. ♦ В языках С и С++ — оператор, которому предшествует метка. *См. label 2.*

LAN — локальная вычислительная сеть, ЛВС. *См. local area network.*

LAN Manager — сетевая операционная система LAN Manager. ♦ Сетевая операционная среда для локальных сетей, разработанная Microsoft и IBM, являющаяся серверной версией операционной системы OS/2. Эта же операционная система продавалась фирмой IBM под наименованием LAN Server. Текущие версии этой операционной системы называются OS/2 Warp Server.

language identifier (ID) — определитель языка. ♦ 16-битная величина, определяющая язык и вариант языка, когда такие варианты существуют (например, английский, используемый в Великобритании, США, Австралии и т.д.).

LAT — таблица локальных адресов. *См. local address table.*

latency — **1)** скрытое состояние. ♦ Состояние объекта, спрятанного, скрытого внутри другого объекта, приложения, не подающего признаков существования; **2)** время ожидания. ♦ Например, время, затраченное на то, чтобы доставить страницу от Web-сервера к пользователю.

LC — символ перевода строки. *См. linefeed character.*

LCF PMD — или low cost fiber physical layer medium dependent (part of FDDI), физический уровень (протокола FDDI), использующий недорогой оптоволоконный кабель. ♦ Тип локальной сети со скоростью передачи данных 100 Мбит/с, использующий недорогой оптоволоконный кабель и протокол FDDI. *См. PMD.*

LCID — идентификатор языкового и культурного окружения. *См. locale identifier.*

LCP — протокол управления каналами. *См. link control protocol.*

LDAP — упрощенный протокол доступа к каталогам. *См. lightweight directory access protocol.*

lead byte — ведущий байт. ♦ В наборах двухбайтовых символов — первый байт в двухбайтовом символе, который указывает, что он сам и следующий за ним байт должны обрабатываться как один символ.

leaf level — уровень страницы. ♦ Нижний уровень кластерного или внекластерного индекса. В кластерном индексе уровень страницы содержит физические страницы таблицы, во внекластерном индексе — указатели.

leased line — арендованная линия, выделенная линия. ♦ Телефонная линия, выделенная для использования сетью передачи данных.

least recently used — или LRU, алгоритм "удаления стариков". ♦ О файлах, входящих в список наиболее давно используемых файлов.

left outer join — левое внешнее объединение. ♦ В реляционных базах данных — операция объединения двух таблиц, результат которого содержит все записи левой таблицы и только те записи правой таблицы, которые удовлетворяют условию объединения.

lexer — лексический анализатор. *См. lexical analyzer.*

lexical analyzer — или lexer, лексический анализатор. ♦ Блок лексического анализа, лексический блок транслятора.

library (LIB) file — библиотечный файл. ♦ Файл с расширением LIB, содержащий стандартные и импортированные библиотеки.

library assert — библиотечный оператор контроля. ♦ Макрокоманда, выявляющая ошибки в программе во время разработки.

library version — **1)** версия библиотеки. ♦ Тип, конфигурация библиотеки, например статическая или динамическая версия, отладочная или продаваемая изготовителем версия; **2)** версия библиотеки, продаваемой изготовителем. ♦ Имеются в виду различные по времени выхода версии, например Microsoft Foundation Classes 4.0.

lifetime — время жизни. ♦ Интервал во время исполнения программы, в течение которого переменная, функция, объект или связь существует и доступна для использования, или длительность самой программы. *См. time to live.*

LIFO — или last in first out, «последним пришел — первым вышел», магазинного типа. ♦ О стеке, в котором первым считывается последнее записанное слово.

lightweight directory access protocol — или LDAP, упрощенный протокол доступа к каталогам. ♦ Протокол доступа к каталогам в сети Интернет, описанный в стандарте RFC 1777.

lightweight remote procedure call — или LRPC, упрощенный дистанционный вызов процедуры. ♦ В OLE — протокол для связи между процессами на одном компьютере. *См. remote procedure call.*

LIM EMS 3.2 — или Lotus/Intel/Microsoft EMS, спецификация отображаемой памяти LIM EMS 3.2. ♦ Спецификация, в которой максимальный объем отображаемой памяти составляет 8 Мбайт, которые адресуются через четыре последовательные страницы по 16 Кбайт в области верхней памяти. *См. expanded memory specification.*

LIM EMS 4.0 — или Lotus/Intel/Microsoft EMS, спецификация отображаемой памяти LIM EMS 4.0. ♦ Спецификация, в которой максимальный объем отображаемой памяти составляет 32 Мбайт, которые адресуются через 64 произвольные страницы. *См. LIM 3.2, expanded memory specification.*

line counting — счет строк. ♦ Вид динамического анализа программы, при котором подпрограмма построения профиля подсчитывает, сколько раз была исполнена каждая строка кода программы.

line coverage — эффективность строк. ♦ Вид динамического анализа программы, при котором подпрограмма построения профиля регистрирует все строки кода программы, которые были исполнены хотя бы один раз.

line printer daemon — или LPD, служба линейного принтера. ♦ Сервисная программа, установленная на сервере печати, которая получает задания на печать от утилит удаленных линейных принтеров, установленных на компьютерах-клиентах.

line profiling — построения профиля линий кода. ♦ Вид динамического анализа программы, при котором подпрограмма построения профиля регистрирует информацию о счете строк и эффективности строк. *См. line counting, line coverage.*

line continuation character — символ непрерывности строки. ♦ В языке С — наклонная черта влево (\), когда она помещена в конце строки. В этом случае этот символ означает для компилятора, что следующая строка является продолжением текущей строки.

linefeed character — или LC, символ перевода строки. ♦ Управляющий символ, который перемещает печатающую головку принтера или точку ввода на экране на новую строку.

link — **1)** связь, соединение. ♦ Например, связь между двумя документами в OLE; **2)** связывать, компоновать. ♦ Строить загрузочный модуль из объектных модулей; **3)** канал связи, линия связи. ♦ Соединение в сети передачи данных.

link control protocol — или LCP, протокол управления каналами. ♦ Протокол управления каналами передачи данных в локальной сети.

link time — время компоновки. ♦ Интервал времени, необходимый компоновщику, чтобы скомпоновать объектные файлы и библиотеки в исполняемый файл или библиотеку динамической компоновки.

linkage specification — спецификация связи. ♦ Протокол создания связи, компоновки функций или процедур, написанных на различных языках.

linked item — или linked object, связанный элемент или объект. ♦ В OLE — элемент, объект в составном документе, чьи данные хранятся в отдельном файле, а не в файле документа.

linked list — список с указателями. ♦ Структура данных, состоящая из узлов или элементов, соединенных указателями.

linked object — связанный объект. *См. linked item.*

linker — компоновщик. ♦ Программа, строящая загрузочный модуль из объектных модулей.

linking and embedding — связывание и встраивание (объектов). *См. object linking and embedding.*

list view control — элемент управления набором. ♦ В Windows — специальный элемент управления, окно, которое содержит набор взаимосвязанных элементов. Каждый элемент набора содержит иконку и надпись.

list-box control — специальный элемент управления списком. ♦ В Windows — дочернее окно, содержащее список элементов, которые предлагаются на выбор пользователю.

LISTSERV — программное обеспечение LISTSERV. ♦ Программное обеспечение, разрабатываемое L-Soft International, Inc. для сервера сети Интернет, которое автоматически обслуживает клиентов, включенных в список абонентов, рассылая им почту и периодические издания. В настоящее время такое программное обеспечение LISTSERV разработано для операционных систем UNIX, Windows NT, Windows 95, Open VMS, VM.

literal — литерал, символьная константа.

literal string — текстовая строка, строковая константа. *См. string literal.*

little-endian — адресация к младшему байту, метод «остроконечников» (термин заимствован из «Путешествий Гулливера» Дж. Свифта). ♦ Один из двух способов установления старшинства байтов памяти, используемых различными типами электронно-вычислительных машин. При адресации к младшему байту адрес указывает на наименее значимый байт в слове. Компьютеры Intel 80x86 и DEC RISC могут служить примером машин с такой адресацией. *См. big-endian.*

livelock — действующий замок, ситуация в языке структурированных запросов, когда запрос на установление монопольного замка не выполняется, поскольку установление монопольного замка нарушило бы выполнение текущих операций. *См. exclusive lock.*

LLC — управление логическим каналом (передачи данных). *См. logical link control.*

LMDA — агент по доставке местных почтовых отправлений. *См. local mail delivery agent.*

LMHOSTS file — файл LMHOSTS. ♦ Файл в операционной системе Windows NT, содержащий карту соответствия между адресами IP и именами компьютеров в локальной сети Windows NT.

load time — время загрузки. ♦ Время, необходимое для помещения исполняемых файлов программы в память до начала исполнения программы.

load time dynamic linking — динамическая связь во время загрузки. ♦ Связь программы с объектом или библиотекой, которая устанавливается, когда программа загружается в память. *См. dynamic link.*

loaded state — загруженное состояние. ♦ В OLE — состояние объекта составного документа (связанного или внедренного элемента), программа обработки которого загружена в память, но сервер которого не работает.

local — **1)** локальный. ♦ Объект, местоположение в памяти, переменная с ограниченной областью видимости или временем жизни; **2)** локальный (атрибут). ♦ Ключевое слово в Windows NT, определяющее атрибут, который относится к индивидуальной функции или к интерфейсу в целом; **3)** локальный, местный. ♦ В системах распределенной обработки данных — операция, выполняемая текущим приложением (в отличие от операций, выполняемых на том же компьютере другим приложением или выполняемых на удаленном компьютере); **4)** местный, локальный. ♦ В компьютерных сетях — устройство, которое подключено непосредственно к рабочему компьютеру (в отличие от устройств, доступных через сеть).

local address table — или LAT, таблица локальных адресов. ♦ Таблица, определяющая соответствие между адресами компьютеров в закрытой локальной сети, где установлен сервер-представитель, и адресами IP, выделенными для этой сети. Сервер-представитель использует для связи компьютеров локальной сети с сетью Интернет адреса протокола Интернета из этой таблицы, тогда как локальные адреса компьютеров остаются невидимыми для сети Интернет. *См. proxy server.*

local area network — или LAN, локальная вычислительная сеть. ♦ Компьютерная сеть, используемая предприятием, организацией на ограниченном расстоянии, сеть, позволяющая пользователям совместно использовать информацию и ресурсы.

local class — **1)** локальный класс, класс, описанный в текущем блоке. *См. local 1;* **2)** или application local class, локальный класс приложения. ♦ В Windows — класс окна, который приложение регистрирует исключительно для собственного пользования.

local heap — локальная динамически распределяемая область. ♦ Область хранения данных в памяти, ограниченная размером страницы памяти 64 Кбайт.

local machine — или local computer, местная ЭВМ, местный компьютер. ♦ Компьютер, с которым непосредственно работает пользователь. *См. local 4.*

local mail delivery agent — или LMDA, агент по доставке местных почтовых отправлений. ♦ Компонент сервера SMTP, обрабатывающий сообщения, полученные сервером, и обеспечивающий выгрузку сообщений на местный компьютер пользователя.

local object — локальный объект. ♦ В языке С++ — объект, созданный внутри функции или блока. *См. local 1.*

local printer — местный принтер. ♦ Принтер, подключенный непосредственно к компьютеру, который не выполняет сетевых функций печати. *См. local 4.*

local scope — локальная область видимости, локальный контекст. ♦ В языке С++ — область видимости имени (переменной, например), описанная в блоке кода и доступная только в пределах этого блока.

Local Talk — аппаратное обеспечение для локальных сетей Apple.

local variable — или automatic variable, динамическая локальная переменная. ♦ Переменная, описанная в теле функции и не описанная как статическая переменная, переменная, которая существует только в пределах фигурных скобок ({}).

locale — культурное и языковое окружение, в котором используется программа. ♦ Культурное и языковое окружение определяет порядок сортировки строк, раскладку клавиатуры, формат записи даты и времени.

locale identifier — или LCID, идентификатор языкового и культурного окружения. ♦ 32-битная величина, определяющая язык и вариант языка, используется для определения зависящего от языка порядка обработки строк. *См. locale.*

locale-specific — определенный культурным и языковым окружением. ♦ О поведении программы, зависящем от местных особенностей, таких как язык, формат записи времени и даты или масштаб местной валюты.

localizer — локализатор. ♦ Специалист, выполняющий перевод и адаптацию программного обеспечения к другому культурному и языковому окружению. *См. locale.*

lock — **1)** замок. ♦ Код, структура данных или программа, используемая для управления доступом к объекту; **2)** захват, захватывать. ♦ Делать объект или ресурс недоступным для других процессов в системе со многими пользователями; **3)** блокировка, блокировать, запирать (клавиатуру). ♦ Игнорировать все поступающие (от клавиатуры) сигналы.

locking mode — режим захвата. ♦ Режим, использующийся при обновлении набора записей, в этом режиме один из пользователей вводит обновленные данные в набор записей, а для остальных пользователей этот набор записей доступен только для чтения.

logging on — вход в систему (в сеть). ♦ Процедура подключения пользователя к сети, системе.

logical brush — логическая кисть. ♦ Идеализированное описание кисти, которое содержит все атрибуты, определенные приложением, создавшим эту кисть, такие как цвет, стиль и т.д. Реализация логической кисти выходными устройствами может отличаться от логической модели.

logical color palette — логическая палитра цветов. ♦ Набор цветов, созданный приложением.

logical coordinate system — логическая система координат. ♦ Система координат, которую программа использует при работе с командами рисования.

logical font — логический шрифт. ♦ Идеализированное описание шрифта, которое содержит все атрибуты, определенные приложением, создавшим этот шрифт, такие как высота, ширина, ориентация и т.д.

logical link control — или LLC, управление логическим каналом (передачи данных). ♦ Подраздел канального уровня модели OSI.

logical operator — логический оператор, булев оператор. *См. Boolean operator.*

logical shift — логический сдвиг, поразрядный сдвиг. ♦ Операция, при которой разряды в первом операнде сдвигаются на количество позиций, определенное вторым операндом. Оператор логического сдвига определяет направление сдвига.

logical unit — **1)** логическая единица. ♦ Условная единица измерения размера, используемая функциями графического интерфейса устройства; **2)** или LU, логический блок. ♦ Блок, представляющий конечного пользователя, приложение или некоторое устройство в архитектуре системы SNA.

logical view — логический вид. ♦ Вид, представленный в логической системе координат.

login — вход в систему, начало сеанса.

login identifier — или ID, входной идентификатор. ♦ Имя, которое пользователь использует, чтобы войти в систему, в сеть, загрузиться на сервер.

login script — сценарий входа в систему. ♦ Определенный набор шагов, выполняемый пользователем при подключении к сети, входе в систему.

long pointer — длинный указатель. *См. far pointer.*

lookup table — таблица преобразования, справочная таблица. ♦ Таблица, устанавливающая соответствие между определенными величинами и индексами (ключами).

loop — цикл, набор операторов в программе, исполняемых заданное количество раз или до тех пор, пока не будет выполнено некоторое условие.

loopback — закольцовывание. ♦ Возврат сигнала на вход системы после прохождения системы в режиме тестирования.

loopback address — адрес закольцовывания. ♦ Адрес 127.0.0.1 в протоколе Интернета, определенный IETF для использования совместно с драйвером закольцовывания, чтобы обеспечить возврат исходящих тестовых пакетов к компьютеру, который их послал. *См. loopback driver.*

loopback driver — драйвер закольцовывания. ♦ Сетевой драйвер, позволяющий тестовым пакетам данных пройти плату сетевого адаптера и вернуться обратно к пославшему их компьютеру. *См. loopback address.*

loss of significance — потеря значащих цифр. *См. underflow 1.*

lossless compression — сжатие без потерь. ♦ В системах мультимедиа — метод сжатия, обеспечивающий возможность полного восстановления исходных данных без потери качества изображения.

lossy compression — сжатие с потерями. ♦ В системах мультимедиа — метод сжатия, не обеспечивающий возможность полного восстановления исходных данных, однако без значительной потери качества изображения.

low order — младший разряд (в группе битов или байтов). ♦ В группе битов младшим разрядом является крайний правый разряд, в группе байтов старшинство определяется специальным правилом. *См. byte-ordering convention, big-endian, little-endian.*

LPD — служба линейного принтера. *См. line printer daemon.*

LRPC — упрощенный дистанционный вызов процедуры. *См. lightweight remote procedure call.*

LRU — алгоритм «удаления стариков». *См. least recently used.*

LU — логический блок. *См. logical unit 2.*

luminance — яркость (элемента изображения или изображения).

M

MAC — управление доступом к среде передачи. *См. media access control.*

machine code — машинный код. ♦ Последовательность байтов, воспринимаемая и исполняемая микропроцессором, код, который получен при помощи ассемблера или компилятора языка программирования высокого уровня.

Macintosh binary resource (RSC) file — двоичный файл ресурсов Macintosh. ♦ Файл с расширением (RSC), двоичный файл, содержащий ресурс прикладной программы Macintosh.

Macintosh Programmer's Workshop — рабочая среда программиста персонального компьютера Macintosh.

Macintosh resource compiler — или MRC, компилятор ресурсов Macintosh. ♦ Программа, выполняющая компиляцию специальных ресурсов приложения для операционной системы Macintosh.

macro — 1) макрокоманда, макрос. ♦ Команда, представляющая в теле программы блок часто используемых команд, процедур. Вместо макрокоманды компилятор подставляет команды, входящие в этот блок; **2)** макроопределение. ♦Блок кода, содержащий набор процедур (команд), выполняемых макрокомандой.

macro definition — макроопределение. *См. macro 2.*

macro expansion — макрорасширение. ♦ В C и C++ — процесс подстановки тела макрокоманды вместо имени макрокоманды во время компиляции.

mail exchange server — сервер обработки почтовых сообщений. ♦ Главный компьютер или другое сетевое устройство домена, выполняющее обработку и отправку электронной почты данного домена.

mail exchanger record — имя пункта обработки почтовых сообщений. *См. MX record.*

mail server — сервер электронной почты. *См. MailSrv.*

MailSrv — или mail server, SMTP-server, сервер электронной почты или сервер SMTP. ♦ Один из компонентов Windows NT, занимающийся передачей и приемом электронной почты по сетям, использующим протокол TCP/IP. Сам сервер электронной почты использует протоколы SMTP и POP3.

main application window — или main window, основное окно приложения. ♦ Для многооконных приложений — окно, служащее основным средством взаимодействия между пользователем и приложением, содержащее меню приложения и порождающее подокна.

main frame window — основное окно-рамка. ♦ Основное окно, обеспечивающее координацию рамки с видом.

main message loop — основной цикл обработки сообщений. ♦ Основной цикл в приложении, отбирающий сообщения из очереди и передающий их соответствующей процедуре. Основной цикл берет на себя обработку сообщений, для которых не указаны какие-либо другие циклы обработки.

main thread — основной поток процесса. *См. primary thread.*

main window — основное окно приложения. *См. main application window.*

mainframe — 1) большая ЭВМ. ♦ Мощная ЭВМ, как правило, подсоединенная к большому количеству периферийных устройств и используемая в режиме разделения времени для управления системой распределенной обработки данных; 2) центральный процессор. ♦ Центральная часть вычислительной системы, в которую входят оперативная память и собственно процессор.

major version number — главный номер версии. ♦ Номер, стоящий слева от точки, например в версии Windows NT 3.51 главный номер версии равен 3.

makefile — или МАК, файл формирования. ♦ Файл с расширением МАК, содержащий все команды, определения макрокоманд, параметры, определяющие порядок создания проекта в рабочей области проекта.

MAN — городская вычислительная сеть. *См. metropolitan area network.*

management information base — или MIB, информационные базы данных управления. ♦ Программное обеспечение для компонентов сети, использующих протокол SNMP. Файлы MIB входят в состав операционной системы Windows NT.

mangled name — измененное имя. *См. decorated name.*

manifest constant — 1) или symbolic constant, буквенная константа, символьная константа, литерал; 2) переименованная константа.

mapfile — или MAP, файл-карта. ♦ Файл, содержащий информацию о программе, компоновка которой выполняется, информацию о модулях программы и общедоступных символах. Программа-компоновщик присваивает файлу-карте основное имя, совпадающее с именем программы, и расширение MAP.

MAPI — интерфейс прикладных программ для передачи сообщений. *См. messaging application programming interface.*

marshaling — выстраивание. ♦ В OLE — создание пакетов параметров интерфейса и отправки их за пределы некоторого процесса.

mask — 1) маска. ♦ Комбинация разрядов, используемая для выбора определенных битов в некоторой величине; 2) налагать маску, маскировать. ♦ Выбирать определенные биты из некоторой величины с помощью маски, объединяя при помощи логического оператора эту величину с маской.

mask bitmap — битовый массив-маска. ♦ Битовый массив, позволяющий выбрать определенные разряды (наложить маску) на другой битовый массив.

master database — главная база данных. ♦ В языке SQL — база данных, управляющая базами данных пользователя и работой всего сервера SQL.

MAU — блок подключения к среде передачи, трансивер. *См. media adapter unit.*

maximized window — развернутое окно. ♦ Окно приложения, документа, увеличенное так, чтобы заполнить всю поверхность экрана.

MBCS — набор многобайтовых символов. *См. multibyte character set.*

MCA — архитектура управления системой представления информации. *См. media control architecture.*

MCI — интерфейс управления системой представления информации. *См. media control interface.*

MCS — Консультативная служба Microsoft. *См. Microsoft Consulting Service.*

MDI — интерфейс для работы с несколькими документами. *См. multiple document interface.*

media access control — или MAC, управление доступом к среде передачи. ♦ Подуровень канального уровня модели взаимодействия открытых систем (OSI).

media adapter unit — или MAU, блок подключения к среде передачи, трансивер. ♦ Устройство, осуществляющее передачу данных от станции в кабель и прием их из кабеля на станции. Название, употребляемое в сетях передачи данных протокола Ethernet и IEEE 802.3.

media control architecture — или MCA, архитектура управления системой представления информации. ♦ Спецификация, разработанная компанией Apple Computer, определяющая способ взаимодействия компьютеров Macintosh с различными системами комплексного представления информации (мультимедиа), такими как устройства воспроизведения звукозаписи и видео на аудио- и видеокассетах, компакт-дисках и т.д.

media control interface — или MCI, интерфейс управления системой представления информации. ♦ Спецификация, разработанная Microsoft совместно с другими компаниями, которая определяет общий для всех платформ способ взаимодействия с различными системами комплексного представления информации (мультимедиа), такими как устройства воспроизведения звукозаписи и видео на аудио- и видеокассетах, компакт-дисках и т.д.

member — элемент. ♦ Член множества, массива, класса.

member function — функция-член (класса). ♦ В языке С++ — функция, описанная в определении класса.

member access control — управление доступом к членам (класса). ♦ Функциональная возможность языка С++, позволяющая определять члены класса как частные, защищенные и общедоступные.

memory — память, запоминающее устройство, ЗУ.

memory allocation — распределение памяти. ♦ Выделение области памяти для использования программой.

memory block — блок памяти. ♦ Область оперативной памяти, временно закрепленная операционной системой за программой.

memory device context — контекст устройства в памяти. ♦ Блок памяти, содержащий представление поверхности экрана и используемый для подготовки образов в памяти до вывода их на экран.

memory leak — утечка памяти. ♦ Потеря ресурсов памяти, которая происходит, когда программа, закрываясь, не уничтожает созданные ею объекты.

memory model — модель памяти. ♦ Модель, показывающая, какая часть памяти может быть использована для кода программы, а какая — для данных.

memory protection — защита памяти. ♦ Система мер, обеспечивающих сосуществование в памяти приложений, выполняемых одновременно; защита, предотвращающая разрушение кода или данных прикладной программы в памяти, вызванное вмешательством другой прикладной программы.

memory space — объем памяти. *См. address space.*

memory-mapped file — файл, отображенный в памяти. ♦ Файл, который операционная система помещает в адресном пространстве приложения, позволяя приложению вызывать файл напрямую, минуя файловую систему, что позволяет значительно уменьшить время доступа.

menu resource — ресурс меню. ♦ Информация, определяющая функции и внешний вид меню, появляющихся в приложении.

menu-item identifier — или menu-item ID, идентификатор пункта меню. ♦ Идентификатор команды, выполняемой при выборе данного пункта меню.

message — **1)** сообщение. ♦ Структура данных или набор параметров, используемых для связи между приложением и операционной системой, между различными приложениями, процедурами, окнами; **2)** запрос. ♦ В объектно-ориентированном программировании — имя операции и список фактических параметров, соответствует вызову процедуры в процедурном программировании; **3)** сообщение, посылка. ♦ В сетях передачи данных — передаваемый блок информации.

message box — панель сообщений, окно сообщений. ♦ Окно, содержащее сообщение для пользователя.

message filter — фильтр сообщений. ♦ Фильтр, который приложение использует, чтобы выбрать из очереди определенные сообщения, игнорируя при этом все другие. *См. filter.*

message handler — диспетчер сообщений. ♦ Управляющая программа в Windows, выполняющая функции обработки сообщений от объектов Windows.

message handling — обработка сообщений, реакция на получение сообщения.

message loop — цикл обработки сообщений. ♦ Цикл в программе, который выбирает сообщения из очереди и передает их соответствующим процедурам для обработки.

message map — таблица — карта обработки сообщений. ♦ В Windows — карта, позволяющая направлять сообщения Windows, команды, поступающие от меню, кнопок и т.д. к соответствующим окнам, документам, видам и другим объектам.

message pump — «насос» обработки сообщений, цикл обработки сообщений. ♦ Цикл в программе, который выбирает сообщения из очереди процесса, преобразует их, представляет их диспетчеру диалогового режима, сообщает о поступлении сообщения диспетчеру интерфейса работы с несколькими программами и передает их приложению.

message queue — очередь сообщений. *См. queue.*

message-driven — или event-driven, управляемый сообщениями, событиями. ♦ О программе, приложении, состояние которого изменяется в ответ на сообщения от пользователя или другие события.

message handler function — функция обработки сообщений. ♦ Функция, которая реагирует на сообщения согласно присвоенным этой функции параметрам, например отслеживает перемещения мыши.

message-map entry — элемент таблицы — карты обработки сообщений. ♦ Элемент таблицы, определяющий обработчик сообщений, соответствующий данному сообщению.

message-map macro — макрос таблицы — карты обработки сообщений. ♦ Макрос, используемый в таблице — карте обработки сообщений для установления соответствия между определенными сообщениями и обработчиками сообщений.

messaging application programming interface — или MAPI, интерфейс прикладных программ для передачи сообщений. ♦ Дополнительный набор функций, входящий в состав Win32 API. Приложения используют функции MAPI для того, чтобы создавать, передавать и хранить сообщения различных видов связи, например сообщения электронной почты.

metafile — метафайл. ♦ Файл, содержащий набор структур данных, в которых хранится информация об изображении. Метафайл хранит информацию об изображении в формате, не зависящем от устройств.

method – 1) метод, способ, правило; 2) метод (объекта). ♦ В технологии ActiveX — функция объекта, функция — член класса, экспонируемая объектом для выполнения различных операций над объектом. *См. ActiveX Automation.*

metric – 1) метрический (размер). ♦ Физический размер элемента изображения, курсора, представленный в метрических единицах; 2) метрическое расстояние (между знаками, строками). ♦ Один из атрибутов шрифта, определяемый в спецификации шрифта.

metropolitan area network — или MAN, городская вычислительная сеть. ♦ Сеть, объединяющая рабочие станции, находящиеся в пределах одного города.

MFC — библиотека основных классов Microsoft. *См. Microsoft Foundation Class library.*

MIB — информационные базы данных управления. *См. management information base.*

Micro Channel — название архитектуры шины персонального компьютера. ♦ Архитектура, использовавшаяся компанией IBM в серии микрокомпьютеров PS/2.

Microsoft CCIT G-711 A-Law and u-Law — название кодека Microsoft для телефонной связи. ♦ Разработанное Microsoft программное обеспечение для кодирования-декодирования телефонных сигналов с коэффициентом уплотнения 2:1, обеспечивающее совместимость североамериканских телефонных стандартов с европейскими.

Microsoft Consulting Service — или MCS, Консультативная служба Microsoft. ♦ Основана в 1990 году. Имеет подразделения во многих районах мира, в том числе Восточной Европе и России.

Microsoft dbWeb — шлюз для доступа к базам данных Microsoft dbWeb. ♦ Прикладная программа. Microsoft dbWeb представляет собой шлюз для доступа к базам данных с IIS, Microsoft dbWeb также может быть использован для выборочной публикации данных из базы данных в формате HTML.

Microsoft Foundation Class library — или MFC, библиотека основных классов Microsoft. ♦ Набор классов языка С++, содержащих большинство функций, используемых приложениями к операционной системе Windows.

Microsoft GSM 6.10 Audio — название кодека Microsoft для телефонной связи. ♦ Разработанное Microsoft программное обеспечение для кодирования-декодирования телефонных сигналов в соответствии с требованиями Европейского института стандартов в связи (ETSI).

Microsoft Internet Information Server — или MIIS, название серверного программного обеспечения корпорации Microsoft. ♦ Web-сервер, входящий в состав сервера Windows NT и обеспечивающий работу с протоколами FTP, HTTP и Gopher.

Microsoft internetwork packet exchange — или MSIPX, межсетевой обмен пакетами Microsoft. ♦ Набор протоколов межсетевого обмена данными, соответствующий спецификации интерфейса сетевых устройств (NDIS).

Microsoft open database connectivity — открытый интерфейс Microsoft для подключения к базам данных. *См. ODBC.*

Microsoft Network — или The Microsoft Network, или MSN. ♦ Международная общедоступная служба, работающая в диалоговом режиме и предлагающая пользователям последние новости политики, спорта, финансовой жизни. MSN также предоставляет пользователям консультации по вопросам, связанным с программным обеспечением Microsoft, дает возможность выбрать и загрузить бесплатное программное обеспечение, предлагаемое службой, получить доступ к сети Интернет и многое другое.

Microsoft run-length encoding — или RLE, программа кодирования на основе длин серий (Microsoft). ♦ Программа, разработанная Microsoft для уплотнения битовых массивов неподвижных изображений и создания простейшей мультипликации (подвижных гистограмм).

Microsoft SQL Server — серверное программное обеспечение Microsoft, использующее язык Transact SQL и предназначенное для управления и обслуживания реляционных баз данных.

Microsoft Transaction Server — или MTS, сервер транзакций Microsoft. ♦ Программное обеспечение, сочетающее функции монитора обработки транзакций и посредника при запросе объекта (ORB).

Microsoft Video 1 — кодек Microsoft для видеосигнала. ♦ Разработанное Microsoft программное обеспечение для кодирования-декодирования видеосигнала с высокой скоростью уплотнения, обеспечивающее удовлетворительное качество видеоизображения.

middleware — промежуточное программное обеспечение. ♦ Системное программное обеспечение, расположенное между операционной системой (приложением) и транспортным протоколом сети, назначение которого состоит в обеспечении взаимодействия системы и сети. Примером промежуточного программного обеспечения может служить посредник при запросе объекта (ORB) или вызов дистанционной процедуры (RPC). *См. ORB, RPC.*

MIDI — цифровой интерфейс музыкальных инструментов. *См. musical instrument digital interface.*

MIIS — *см. Microsoft Internet Information Server.*

MIME — многоцелевой дополнительный интерфейс электронной почты Интернета. *См. multipurpose Internet mail extensions.*

mini-server application — приложение типа «мини-сервер». ♦ В OLE — тип сервера с ограниченными функциями, который может быть запущен только из несущего приложения и который выполняет только внедрение объектов, но не их связь. *См. full server application.*

minimized window — свернутое окно. ♦ Окно, превращенное в иконку на экране.

minor version number — второстепенный номер версии. ♦ Номер, стоящий справа от точки, например в версии Windows NT

3.51 второстепенный номер версии равен 51. *См. main version number.*

MIPS — или millions of instructions per second, миллион (одноадресных) операций в секунду. ♦ Единица измерения скорости работы микропроцессора.

mnemonic key — клавиша доступа. *См. access key.*

modal — модальный. ♦ Вид взаимодействия, при котором режим работы обусловливает некоторые ограничения функциональных возможностей.

modal loop — модальный цикл. ♦ Цикл обработки сообщений, получающий и распределяющий сообщения, но не позволяющий приложению фильтровать сообщения в собственном цикле обработки.

modal secondary window — модальное вторичное окно. ♦ Окно, ограничивающее взаимодействие пользователя с другими окнами.

model database — модельная база данных. ♦ Одна из трех системных баз данных сервера SQL, используемая в качестве шаблона для создания новых баз данных пользователей. *См. system databases.*

modeless — не зависящий от режима, не налагающий никаких ограничений, связанных с режимом работы.

modeless command — не зависящая от режима команда.

modeless dialog box — не зависящее от режима диалоговое окно. ♦ Окно, которое выводится на экран и доступно для пользователя в любом режиме работы.

modem — модем, модулятор-демодулятор. ♦ Электронное устройство, позволяющее компьютеру осуществлять передачу и прием данных по стандартной телефонной линии.

modifier — **1)** модификатор, индексный регистр, константа переадресации; **2)** управляющий параметр.

modifier key — клавиша-модификатор. ♦ Клавиша на клавиатуре, нажатие которой изменяет действие клавиши, нажатой вслед за ней, например клавиши Ctrl, Alt, Shift.

module-definition (DEF) file — файл определения модуля. ♦ Текстовый файл с расширением DEF, содержащий один или несколько операторов, определяющих различные атрибуты исполняемого модуля.

modulo — по модулю. ♦ Арифметический оператор, обозначаемый знаком процентов (%), который представляет целую часть результата деления двух чисел.

Modulo N — по модулю N, арифметические действия по модулю N.

monoaural — монофонический. ♦ О системах воспроизведения, записи или передачи звука, в которых один или больше источников звука передаются с помощью одного канала.

monolithic protocol stack — единый набор протоколов. ♦ Драйвер, обеспечивающий управление всеми функциями, объединенными в модели OSI, начиная с управления на MAC-уровне и заканчивая транспортным уровнем.

MOPS — или millions of operations per second, миллион (видео) операций в секунду. ♦ Величина, характеризующая качество видеоизображения. Видеопроцессор Intel может выполнять несколько видеоопераций за одну машинную операцию, поэтому количество видеоопераций в секунду обычно больше числа операций микропроцессора. *См. MIPS.*

Mosaic — программа — обозреватель Mosaic. ♦ Название программы просмотра глобальной сети Web, разработанной Национальным центром (по разработке) прикладных программ для суперкомпьютеров (NCSA).

most recently used — или MRU, последние по времени использования. ♦ О файлах, входящих в список последних по времени использования.

mount — устанавливать. ♦ Делать объем памяти (физический диск) доступным для файловой системы компьютера, термин обычно относится к компьютерам Apple Macintosh или UNIX, а также к системам динамического сжатия, например DriveSpace.

mouse capture — захват (данных от) мыши. ♦ Направление данных, вводимых с помощью мыши, к определенному окну независимо от положения курсора мыши на экране.

mouse event — ввод данных от мыши. ♦ Ввод данных, который осуществляется при любом перемещении мыши пользователем, нажатии или отпускании клавиши мыши.

movable code segment — перемещаемый сегмент кода. ♦ Сегмент кода приложения Windows, который можно перемещать в памяти.

MP — или multilink point-to-point protocol, многоканальный двухточечный протокол. ♦ Стандарт, разработанный IEFT для организации каналов типа B в ISDN на основе двухточечного протокола. *См. B channel.*

MPEG — или Moving Picture Experts Group — **1)** экспертная группа по видео; ♦ Организация, занимающаяся разработкой алгоритмов уплотнения видео- и звуковых сигналов; **2)** название группы алгоритмов уплотнения видео- и звуковых сигналов, разработанных Экспертной группой по видео, например MPEG1, MPEG2 и т.д.

MPR — многопротокольная маршрутизация. *См. multiprotocol routing.*

MRC — компилятор ресурсов Macintosh. *См. Macintosh resource compiler.*

MRU — последние по времени использования. *См. most recently used.*

MS-DOS — или Microsoft disk operating system, дисковая операционная система Microsoft. ♦ С 1981 года была стандартной операционной системой для компьютеров с микропроцессорами Intel.

MS-DOS Extender — менеджер расширенной памяти. *См. extended memory manager, DOS Extender.*

MS-DOS prompt — приглашение ввести команду. *См. command prompt.*

MS-Net (Microsoft Network) — операционная среда для локальных сетей Microsoft. ♦ Программное обеспечение для компьютерных сетей на основе MS-DOS, выпущенное в 1985 году.

MSIPX — *см. Microsoft internetwork packet exchange.*

MSN — *см. Microsoft Network (The Microsoft Network).*

MTS — сервер транзакций Microsoft. *См. Microsoft Transaction Server.*

multi-tier architecture — или three-tier architecture, многоуровневая (трехуровневая) архитектура. ♦ Метод построения приложений, при котором приложение разбивается на три уровня — уровень пользователя, уровень деловых требований и задач и уровень обработки данных.

multibyte character set — или MBCS, набор многобайтовых символов. ♦ Набор символов, в котором каждый символ представлен либо однобайтовой, либо двухбайтовой величиной. Стандартный набор символов ASCII представляет собой частный случай набора многобайтовых символов.

multihomed system — система с множественной адресацией. ♦ Система со многими сетевыми адаптерами, подсоединенными к отдельным физическим сетям.

multilined edit control — многострочное поле редактирования. ♦ Текстовое окно, в котором выводится более чем одна строка текста.

multilink point-to-point protocol — многоканальный двухточечный протокол. *См. MP.*

multimedia — мультимедиа. ♦ Средства комплексного представления информации (в форме видео, звука, неподвижных графических изображений, мультипликации, текста и т.д.).

multimedia computing — компьютерная обработка данных, относящихся к мультимедиа.

multimode fiber — многорежимный стекловолоконный кабель.

multiple document interface — или MDI, интерфейс для работы с несколькими документами. ♦ Стандартная архитектура интерфейса пользователя для приложений к Windows.

multiple document types — множественные типы документов. ♦ Различные типы документов, например текстовые и графические документы, с которыми могут работать некоторые приложения к Windows (например, Microsoft Excel).

multiple-selection list box — окно списка с множественным выбором. ♦ Окно списка, в котором одновременно может быть выбран более чем один пункт.

multiport serial adapter — многопортовый последовательный адаптер. ♦ Сетевой адаптер, позволяющий компьютеру передавать информацию по нескольким стандартным телефонным линиям одновременно; устройство, аналогичное нескольким модемам, соединенным параллельно.

multiprocessing — многопроцессорная обработка. ♦ Одновременное исполнение двух или более процессов на различных микропроцессорах в компьютерах с более чем одним микропроцессором.

multiprotocol routing — или MPR, многопротокольная маршрутизация. ♦ Маршрутизация в сетях IP и IPX.

multipurpose Internet mail extensions — или MIME, многоцелевой дополнительный интерфейс электронной почты Интернета. ♦ Стандарт, позволяющий читать и публиковать двоичные данные в сети Интернет. Заголовок файла с двоичными данными содержит специальный тип данных MIME, что служит указанием для программ-клиентов обрабатывать данные иначе, чем текстовые данные.

multitasking — многозадачный режим. ♦ Исполнение нескольких процессов одним микропроцессором путем попеременного переключения от одного контекста к другому, при котором создается впечатление, что все эти процессы исполняются одновременно.

multithreaded application — многопоточное приложение. ♦ Приложение, содержащее несколько независимых подпроцессов или потоков, например, кроме основного потока приложение может иметь дополнительные потоки фоновых задач или задач сопровождения и т.д. *См. thread.*

multithreading — многопоточная обработка. ♦ Одновременное исполнение нескольких потоков приложением. *См. multithreaded application.*

multiuser computer — многопользовательский компьютер. ♦ О компьютере, позволяющем нескольким пользователям работать одновременно, предоставляя каждому пользователю полный диапазон возможностей компьютера.

multiuser record — запись, формируемая несколькими пользователями.

musical instrument digital interface — или MIDI, цифровой интерфейс музыкальных инструментов. ♦ Стандартный интерфейс для подключения к компьютеру музыкальных инструментов и звуковоспроизводящих устройств.

mutex object — объект-диспетчер. ♦ Объект, используемый ядром операционной системы для управления доступом к коду. Объект-диспетчер следит за тем, чтобы только один процесс исполнял данную строку кода в данный момент.

MX record — или mail exchanger record, имя пункта обработки почтовых сообщений. ♦ Запись ресурса обработки почтовых сообщений, определяющая сервер обработки почтовых сообщений в имени домена.

N

NAK — сигнал негативного подтверждения. *См. negative acknowledgment signal.*

name decoration — создание имени с информацией о типе. ♦ В языке C++ — процесс во время компиляции определения или прототипа функции, в котором компилятор создает строку, полностью определяющую данную функцию. *См. decorated name.*

named pipe — названный канал. ♦ Механизм взаимодействия между процессами, позволяющий одному процессу пересылать данные другому местному или удаленному процессу. *См. pipe.*

native — **1)** собственный. ♦ О программном элементе, специфичном для платформы и поддерживающимся платформой, на которой он выполняется; **2)** местный, локальный. ♦ О программном элементе, специфичном для данного языка, данной страны; **3)** собственный. ♦ В OLE — о данных, происходящих из несущего документа.

native mode — режим работы в собственной системе команд.

native mode compiler — собственный компилятор. *См. native 1.*

NAU — адресуемый блок сети. *См. network addressable unit.*

naught — ноль.

NBFP — протокол кадров NetBIOS. *См. NetBIOS frame protocol.*

NCB — командные блоки NetBIOS. *См. NetBIOS command blocks.*

NCP — основной протокол сети NetWare. *См. NetWare core protocol.*

NCSA — или National Center for Supercomputer Applications, Национальный центр (по разработке) прикладных программ для суперкомпьютеров, научно-исследовательский центр университета штата Иллинойс.

NDIS — спецификация интерфейса сетевого устройства. *См. network device interface specification.*

NDS — служба каталогов NetWare. *См. NetWare directory service.*

negative acknowledgment signal — или NAK, сигнал негативного подтверждения. ♦ В сетях передачи данных — сообщение, передаваемое принимающей станцией передающей станции и означающее, что блок данных получен, но содержит ошибки. *См. acknowledge.*

negative caching — кэширование отрицательного ответа. ♦ Производится в ситуации, когда клиент запрашивает недоступный (несуществующий) URL. В этом случае сообщение об ошибке заносится в кэш-память и выдается всем последующим клиентам, запрашивающим тот же унифицированный адресатор ресурса. *См. URL.*

nest — **1)** гнездо, вложенное множество, вложение; **2)** вкладывать, представлять в форме вложения. ♦ Полностью внедрять одну конструкцию (например, функцию) в другую.

nested class — вложенный класс. ♦ Класс, описанный в контексте другого класса и доступный в контексте заключающего класса.

nested query — гнездовой запрос, многоуровневый запрос. ♦ В языке SQL — оператор SELECT, содержащий один или более подзапросов.

NetBEUI — или NetBIOS extended user interface, протокол NetBIOS. ♦ Сетевой протокол, обычно используемый небольшими локальными сетями, объединяющими от 1 до 200 пользователей.

NetBIOS — или network basic input/output system, сетевая базовая система ввода-вывода. ♦ Интерфейс прикладных программ для локальных сетей, предоставляющий стандартный набор команд, позволяющих организовать сеансы связи между узлами сети и передачу информации.

NetBIOS command blocks — или NCB, командные блоки NetBIOS. ♦ Набор команд, используемых приложениями к NetBIOS для связи на сеансовом уровне модели взаимодействия открытых систем (OSI). *См. NetBIOS.*

NetBIOS frame protocol — или NBFP, протокол кадров NetBIOS. ♦ Транспортный протокол, работающий на сеансовом и транспортном уровне модели OSI, во многом сходный с протоколом NetBEUI. Основное отличие состоит в том, что протокол NBFP использует верхний уровень интерфейса TDI, тогда как NetBEUI использует верхний уровень интерфейса NetBIOS.

NetWare — название семейства сетевых операционных систем, разработанных компанией Novell.

NetWare core protocol — или NCP, основной протокол сети NetWare. ♦ Протокол совместного использования файлов в сети NetWare.

NetWare directory service — или NDS, служба каталогов NetWare. ♦ Программное обеспечение для серверов сети NetWare, выполняющее распределение ресурсов в сети.

NetWare loadable modules — или NLM, загружаемые модули для NetWare. ♦ Набор сервисных программ, который может быть подключен к операционной системе NetWare для расширения ее функциональных возможностей. Загружаемые модули представляют собой программы установки, архивации, печати, обслуживания баз данных, диагностики и др.

NetWare naming service — или NNS, служба присвоения имен NetWare. ♦ Служба в локальной сети NetWare, обеспечивающая управление доступом к серверам.

network — **1)** компьютерная сеть, сеть передачи данных; **2)** сеть, сетевой трафик.

network adapter — или network adapter card, network card, network interface card (NIC), сетевой адаптер, плата сетевого адаптера.
♦ Дополнительная плата или другое электронное устройство для подключения компьютера к локальной сети.

network addressable unit — или NAU, адресуемый блок сети.
♦ Логический или физический блок в архитектуре сети системы SNA.

network adapter card — плата сетевого адаптера. *См. network adapter.*

network application — сетевое приложение. ♦ Программа или комбинация программы и данных, выполняющая определенную задачу в сети, обычно с привлечением двух или более компьютеров сети.

network card — сетевая плата. *См. network adapter.*

network device interface specification — или NDIS, спецификация интерфейса сетевого устройства. ♦ Стандарт, определяющий интерфейс для связи между подуровнем MAC и драйверами протоколов, расположенных на третьем и четвертом уровнях модели OSI.

network drive — сетевой диск. *См. shared directory.*

network file system — или NFS. ♦ Протокол на основе IP, определяющий работу файловой системы локальной сети. Разработан компанией Sun Microsystems.

network interface card — или NIC, плата сетевого адаптера. *См. network adapter.*

network layer — сетевой уровень. ♦ Уровень модели OSI, объединяющий протоколы формирования пакетов данных, задания приоритета сообщений и управления потоком сообщений в сети.

network news transport protocol — или NNTP, протокол транспортировки новостей в сети. ♦ Протокол, используемый для распределения сообщений-новостей между серверами NNTP и клиентами NNTP (читателями новостей) в сети Интернет.

network operating system — или NOS, сетевая операционная система.

network protocol — сетевой протокол. ♦ Протокол, позволяющий компьютерам, объединенным в сеть, устанавливать связь друг с другом и передавать данные по сети.

network service provider — или NSP, оператор сетевого сервиса. ♦ Компания, обеспечивающая подключение к сети компаний — операторов Интернета или клиентов, которым необходимо высокоскоростное соединение между их локальной сетью и сетью Интернет.

newline character — символ «конец строки». ♦ Символ, используемый в текстовых файлах для обозначения конца строки (\n).

NFS — *см. network file system.*

NIC — плата сетевого адаптера, network interface card. *См. network adapter.*

NLM — загружаемые модули для NetWare. *См. NetWare loadable modules.*

NMAKE — название утилиты сопровождения программы, разработанной Microsoft.

NNS — служба присвоения имен NetWare. *См. NetWare naming service.*

NNTP — протокол транспортировки новостей в сети. *См. network news transport protocol.*

node — **1)** узел сети передачи данных или компьютерной сети. ♦ В качестве узла может выступать рабочая станция, сервер, принтер или другое устройство. *См. host;* **2)** вершина дерева, графа.

non-interlaced — прогрессивная (развертка). ♦ Развертка сигнала на экране, при которой строки изображения разворачиваются последовательно друг за другом, начиная с самой верхней строки вниз (в отличие от телевизионной чересстрочной развертки). Прогрессивная развертка обычно используется в компьютерных мониторах.

non-client area — нерабочая часть окна. ♦ Часть окна, не используемая для вывода текста или графики; к нерабочей части окна относятся граница окна, строки меню, строка прокрутки, строка заголовка, кнопки управления и т.д.

nonclustered index — некластерный индекс. ♦ В базах данных — индекс, который хранит значения ключей и указатели к данным. Каждая таблица в базе данных может содержать несколько некластерных индексов.

nondedicated file server — невыделенный файловый сервер. ♦ Файловый процессор, который посвящает обработке файлов только часть процессорного времени, выполняя кроме нее еще и другие операции.

nonintegral expression — нецелое выражение. ♦ Выражение, значение которого не относится к целому типу данных.

nonscalable font — неизменяемый шрифт. *См. raster font.*

nonscalar type — нескалярный тип, составной тип. *См. aggregate type.*

nonscalar value — нескалярная величина. ♦ Величина, относящаяся к нескалярному типу, к сложной структуре данных, такой как класс или массив.

nonstatic member function — функция — нестатический член (класса). ♦ Функция, описанная внутри определения класса, которая должна быть связана с экземпляром класса.

nonsystem key — несистемная клавиша. ♦ Клавиша или комбинация клавиш, на нажатие которой операционная система не реагирует как на системную команду.

normal response mode — или NRM, режим нормального отклика. ♦ Режим работы локальной сети, в котором центральный компьютер сети получает сообщение от станции о том, что станция хотела бы начать передачу, и в ответ на этот запрос посылает на станцию опросный бит.

NOS — сетевая операционная система. *См. network operating system.*

notification message — уведомление. ♦ Сообщение о событии, которое элемент управления посылает своему родительскому окну, например, при вводе данных пользователем.

NRM — режим нормального отклика. *См. normal response mode.*

NSP — оператор сетевого сервиса. *См. network service provider.*

NT Executive — управляющая программа операционной системы Windows NT. ♦ Часть операционной системы Windows NT, которая обеспечивает взаимодействие между процессами, очередность выполнения процессов, управление памятью, управление объектами, управление вводом-выводом данных и т.д.

NT kernel — ядро операционной системы Windows NT. ♦ Часть управляющей программы NT Executive, которая управляет работой процессора. *См. kernel, NT Executive.*

NT-1 — стандартный соединитель, используемый в интегрированной цифровой сети связи (ISDN). ♦ Соединитель, позволяющий подключать двухпроводную линию интегрированной цифровой сети к четырехпроводной линии, идущей от компьютера или терминала.

NTFS — или NT File System, файловая система Windows NT.

NTSC — или National Television Systems Committee, Национальный комитет по телевизионным системам, США.

NTSC format — формат NTSC. ♦ Формат сигнала цветного телевизионного изображения с кадром, состоящим из 525 строк развертки, с частотой полей 60 Гц и оригинальной системой цветового кодирования.

NULL — **1)** пустой указатель; **2)** величина NULL. ♦ В языке SQL — специальная величина, которая не равна нулю или пробелу и оценивается как неопределенная; эта величина не считается больше, меньше или равной другой величине, включая другую величину NULL.

null brush — или hollow brush, бесцветная кисть. ♦ Логическая кисть, представляющая собой битовый массив изображения, описывающий цвета, совпадающие с цветами фона используемого в данный момент окна.

null pointer — пустой указатель. ♦ Указатель, не ссылающийся ни на какой объект.

null statement — пустой оператор. ♦ Оператор, не выполняющий никакого действия, не описывающий ничего. В языках C и C++ — оператор (;).

null string — или empty string, zero-length string, пустая строка, строка нулевой длины. ♦ В языках C и C++ — строка, не содержащая никаких знаков.

null terminator — или string terminator, нулевой указатель конца строки. ♦ В языках C/C++ — знак нуля (\0) в конце строки.

null-terminated character string — или ASCIIZ string, строка с нулевым указателем конца строки. ♦ Знаковая строка, заканчивающаяся знаком, целое значение которого равно 0 (\0).

NWLink — или NetWare Link, или NWLink IPX/SPX compatible transport, протокол NWLink. ♦ Сетевой протокол, разработанный Microsoft. Протокол, входящий в состав Windows NT, совместимый с протоколом IPX/SPX, разработанным Novell. Протокол NWLink может быть использован для соединения компьютеров, работающих в Windows NT, Microsoft Windows, MS-DOS, OS/2.

NWLink IPX/SPX compatible transport — или IPX/SPX compatible transport (NWLink), транспортный протокол NWLink, совместимый с IPX/SPX. ♦ Термин, широко используемый в документации Microsoft вместо NWLink. *См. NWLink.*

object — 1) объект; 2) конечный, выходной, объектный. ♦ Например, об оттранслированной программе.

object (OBJ) file — объектный файл. ♦ Файл с расширением OBJ, содержащий объектный код и данные, генерированные компилятором или ассемблером из исходного кода программы.

object code — объектный код. ♦ Исполняемый код, генерированный компилятором или ассемблером из исходного кода программы.

object description language (ODL) file — файл языка описания объектов. ♦ В OLE Automation — файл с расширением ODL, содержащий описание интерфейса прикладной программы.

object handler — программа обработки объектов, обработчик объектов. В OLE Automation — динамически загружаемый модуль для приложения-сервера OLE, выполняющий роль посредника между приложением-сервером и приложением-клиентом.

object library (OBJ) file — файл объектной библиотеки. ♦ Файл с расширением OBJ, содержащий библиотеку динамической компоновки объектных модулей.

object linking and embedding — или OLE, связь и внедрение объектов. ♦ Методика передачи и совместного использования информации прикладными программами.

Object Management Group — или OMG, объединение компаний — продавцов программного обеспечения, ставящих своей целью распространение и стимулирование использования архитектуры CORBA.

object modification checking — проверка модификации объектов. ♦ Функция кэш-памяти, которая выполняет набор тестов, позволяющих установить, отличается ли объект в кэш-памяти от исходного объекта, который запрошен приложением. Если объект в кэш-памяти совпадает с источником, то приложению передается объект из кэш-памяти. Если же объект в кэш-памяти отличается от исходного объекта, то приложению передается исходный объект, а объект в кэш-памяти модифицируется.

object module format — или OMF, формат объектных модулей. ♦ Спецификация, определяющая структуру объектных файлов.

object orientation — объектная ориентация. ♦ Подход к построению приложений, основанный на многократном использовании модульных структур и составляющих их модулей. Приложения, данные, сети, компьютерные системы рассматриваются как объекты, которые можно гибко соединять друг с другом в разнообразные сочетания.

object persistence — обеспечение постоянства объекта. *См. serialization.*

object request broker — или ORB, посредник при запросе объекта. ♦ Служебная программа, обеспечивающая взаимодействие между клиентами и серверами при определении местоположения объекта и координирующая пересылку параметров и результатов. *См. CORBA.*

object-cache scavenger — «охотник за объектами» в кэш-памяти. ♦ Программа, которая периодически сканирует кэш-память в поиске объектов, которые должны быть удалены оттуда. Эта программа стирает кэш-файлы, которые давно не используются и, вероятнее всего, не будут использоваться в ближайшее время.

ОС — варианты стандарта SONET, соответствующие различным скоростям передачи данных. ♦ OC1 для скорости передачи данных 51 Мбит/с, OC3 — 155 Мбит/с, OC12 — 600 Мбит/с, OC48 — свыше 2 Гбит/с. *См. SONET.*

OCE — операционная среда открытого взаимодействия. *См. open collaboration environment.*

OCR — **1)** optical character reader, оптическое устройство для считывания символов, сканер. *См. scanner;* **2)** оптическое распознавание символов. *См. optical character recognition.*

OCX — расширение имен файлов элементов управления и компонентов ActiveX. ♦ Ранее эта аббревиатура использовалась как расширение имени файла и обозначение специальных элементов управления OLE. *См. OLE control (OCX) file.*

ODBC — открытый интерфейс для подключения к базам данных. *См. open database connectivity.*

ODBC cursor library — библиотека курсора ODBC. ♦ Динамически загружаемый модуль, который обеспечивает пошаговый просмотр записей в базе данных.

ODBC Direct — название программы для быстрого доступа к удаленным базам данных напрямую через ODBC, в обход интерфейса подключения к базам данных Microsoft Jet. *См. ODBC.*

ODBC driver — драйвер ODBC. ♦ Динамически загружаемый модуль, обеспечивающий обработку вызовов функций ODBC и взаимодействие с источником данных.

OEM — или original equipment manufacturer, изготовитель оборудования.

OEM character set — набор символов, используемый операционной системой MS-DOS.

offset — смещение. ♦ Адрес относительно некоторого базового адреса.

OLAP — диалоговая аналитическая обработка. *См. online analytical processing.*

OLE — связь и внедрение объектов. *См. object linking and embedding.*

OLE Automation — методика, позволяющая манипулировать объектами прикладной программы извне.

OLE Automation object — или exposed object, объект OLE Automation или видимый объект. ♦ Объект, который сделан доступным для другой прикладной программы с помощью интерфейсов OLE Automation.

OLE control — элемент управления связи и внедрения объектов. ♦ В Windows — интерфейс, имеющий форму диалоговых окон и меню, позволяющий применять метод OLE в приложениях Windows.

OLE control (OCX) file — файл элементов управления связью и внедрением объектов. ♦ В Windows — файл с расширением OCX, представляющий OLE-серверы в виде библиотек динамически загружаемых модулей.

OLE DB — элементы управления OLE для доступа к базам данных. ♦ Название специальных элементов управления связи и внедрения объектов OLE, обеспечивающих интерфейсы для доступа к базам данных в локальной сети или в сети Интернет.

OLE item — или OLE object, элемент связи и внедрения объектов. ♦ Объект, созданный OLE-сервером, который может быть внедрен в другой документ.

OLE object — элемент OLE. *См. OLE item.*

OLE server — OLE-сервер. ♦ Приложение или динамически загружаемый модуль, который открывает свои объекты для доступа другим приложениям.

OLE system dynamic-link libraries (DLL's) — системные динамически загружаемые модули OLE. ♦ Средства, с помощью которых осуществляется обмен между несущими приложениями и OLE-серверами.

OLI — открытый интерфейс канала связи. *См. open link interface.*

OLTP — оперативная обработка транзакций. *См. online transaction processing.*

OMF — формат объектных модулей. *См. object module format.*

OMG — *см. Object Management Group.*

OMG-object — объект OMG. ♦ Объект, соответствующий спецификации архитектуры CORBA, распространяемой группой компаний OMG. *См. OMG, CORBA.*

online analytical processing — или OLAP, диалоговая аналитическая обработка. ♦ Программные средства обработки реляционных баз данных, используемые для решения аналитических задач и поддержки принятия решений.

online transaction processing — или OLTP, оперативная обработка транзакций. ♦ Прикладная программа управления базами данных, ориентированная на быструю обработку множества транзакций и поддержание целостности и достоверности данных. Широко используется в системах резервирования авиабилетов и обслуживании автоматических банковских машин.

online uninterruptible power supply — или OUPS, источник непрерывного электропитания с управлением от сети. ♦ Источник электропитания, который фильтрует напряжение, поступающее от сети электропитания, а в случае отключения этого напряжения обеспечивает подачу питания от батареи.

open collaboration environment — или OCE, операционная среда открытого взаимодействия. ♦ Название операционной среды, используемой компьютерами Apple Macintosh.

open data services — открытая обработка данных. ♦ Комплект инструментальных средств сервера языка SQL для интеграции внешних прикладных программ и источников данных.

open database connectivity — или ODBC, открытый интерфейс для подключения к базам данных. ♦ Открытый, независимый от аппаратного обеспечения интерфейс для подсоединения к базам данных, обеспечивающий доступ к базам данных персональных компьютеров, мини-ЭВМ, больших ЭВМ, включая системы, работающие с Windows и Apple Macintosh.

Open Group — компания — учредитель многих организаций, занимающихся стандартизацией программного обеспечения, таких как Active Group, X/Open, OSF.

open link interface — или OLI, открытый интерфейс канала связи. ♦ Программное обеспечение, разработанное компанией Novell, интерфейс, обеспечивающий совместимость различных видов сетевых адаптеров для локальных сетей (16 различных видов) с 32 различными транспортными протоколами.

Open Software Foundation — или OSF, Фонд (разработки) открытого программного обеспечения. ♦ Фонд, учрежденный для разработки стандарта открытой операционной системы на базе UNIX. Входит в состав Open Group.

open system interconnection — или OSI, ISO/OSI, (модель) взаимодействия открытых систем. ♦ Разработанная ISO модель сетевого и межсетевого взаимодействия, определяющая семь уровней взаимодействия компонентов сети: физический, канальный, сетевой, транспортный, сеансовый, уровень представления данных и прикладной. *См. ISO.*

OpenDoc — название объектно-ориентированной архитектуры, разработанной IBM. ♦ Эта архитектура позволяет создавать составные документы, используя взаимозаменяемые программные компоненты.

operating system — операционная система, ОС. ♦ Программное обеспечение, управляющее работой компьютера, осуществляющее распределение ресурсов, управление вводом-выводом, очередностью выполнения процессов и т.д.

operator precedence — старшинство операций. ♦ Порядок выполнения операций, определенный приоритетом операций.

optical character recognition — или OCR, оптическое распознавание символов. ♦ Программа, преобразующая графические файлы, полученные в результате сканирования страниц текста, в формат, позволяющий использовать текстовые редакторы.

optimistic locking — упреждающий захват. ♦ Метод захвата набора записей, при котором запись остается доступной другим пользователям до момента начала ее модификации. *См. pessimistic locking.*

optimization — **1)** оптимизация. ♦ Определение наиболее эффективной стратегии решения задачи; **2)** оптимизация. ♦ Удаление из программы неиспользуемых команд или частей кода компилятором.

option button — флажок опции. *См. radio button.*

ORB — посредник при запросе объекта. *См. object request broker.*

OSF — *см. Open Software Foundation.*

OSI — или ISO/OSI, (модель) взаимодействия открытых систем. *См. open system interconnection.*

OUPS — источник непрерывного электропитания с управлением от сети. *См. online uninterruptible power supply.*

out-of-band data — данные вне диапазона. ♦ Логически независимый канал передачи данных, связанный с каждой парой входных и выходных каналов (socket) потока. Данные вне диапазона поступают к пользователю независимо от обычных данных. *См. socket.*

out-of-memory exception — ситуация выхода за пределы памяти. ♦ Ошибка при выполнении программы, когда программа обращается к области за пределами выделенной памяти.

out-of-process — признак компонента ActiveX, который исполняется в собственном блоке памяти, отличном от блока памяти несущего приложения. *См. in-process server.*

outbound band — исходящий диапазон. ♦ Диапазон частот, в котором ведется передача данных от головного узла к остальным узлам локальной сети.

outer join — внешнее объединение. ♦ Операция объединения таблиц в языке SQL. Результирующая таблица содержит набор всех записей из объединяемых таблиц. *См. join.*

output operator — или put-to operator, оператор вставки. *См. insertion operator.*

output precision — точность вывода. ♦ При определении шрифта — допустимые отклонения от указанной высоты, ширины, ориентации знаков, с которыми знаки шрифта могут быть выведены на экран или на печать.

outside-in — признак объекта OLE, для активизации которого требуется два раза щелкнуть мышью или выбрать команду из меню редактирования. ♦ Такой объект невидим для пользователя в неактивном состоянии.

overhang — выступ. ♦ В шрифтах — часть глифа, выступающая за пределы ячейки, выделенной для одного знака.

overlapped I/O — перекрывающийся ввод-вывод. *См. asynchronous operation.*

overlapped window — перекрываемое окно. ♦ Главное окно приложения, которое может быть перекрыто окнами других приложений.

overloaded operator — перегруженный оператор. ♦ Оператор, которому присвоены функции, выходящие за пределы функций этого оператора, определенных в языке программирования.

overloading — перегрузка. ♦ Использование одного и того же идентификатора функции или оператора в одном и том же контексте для обозначения различных процедур.

owned window — окно, имеющее владельца.

owner — **1)** владелец. ♦ При защите данных и контроле доступа — пользователь, имеющий неограниченные права по отношению к файлу или другой информации; **2)** владелец набора.

owner application — приложение-владелец. *См. clipboard owner.*

owner window — окно-владелец. ♦ Окно, которое определяет вид и поведение другого окна.

owner-draw control — орган управления. ♦ Специальный орган пользовательского управления определенным приложением.

P

PABX — или private automatic branch exchange, или PBX, офисная автоматическая телефонная станция.

package — **1)** пакет (программ); **2)** пакет (классов). ♦ Группа связанных между собой классов в языке Java; **3)** пакет. ♦ В составном документе — иконка, содержащая объект, файл или часть файла, команду.

packet — пакет. ♦ Блок данных в сети передачи данных, содержащий сами данные и/или управляющую информацию.

packet Internet groper — или PING. ♦ Программа, предназначенная для тестирования локальных и больших сетей, включая Интернет. Программа посылает тестовый пакет и ожидает ответа от определенного рабочего компьютера в заданном промежутке времени.

page — **1)** страница, страница памяти. ♦ Единичный блок системы управления памятью, совокупность ячеек памяти с одинаковыми старшими адресами; **2)** страница. ♦ Элемент описания формата документа; **3)** страница документа.

page fault — ошибка страницы. ♦ Прерывание, возникающее в случае обращения процесса к странице виртуальной памяти, удаленной из рабочей памяти диспетчером виртуальной памяти (VMM).

page frame — страничный блок. ♦ Страница, физический адрес в области верхней памяти, куда может быть отображена страница расширенной памяти.

paging — **1)** разделение памяти на страницы. ♦ Метод использования виртуальной памяти, при котором виртуальное адресное пространство разбивается на блоки фиксированного размера, называемые страницами, каждая из которых может быть адресована любому адресу в физической памяти; **2)** замещение страниц, подкачка. ♦ Перемещение активных страниц виртуальной памяти с диска в оперативную память.

paging file — файл замещения страниц. *См. swap file, paging 2.*

PAL (phase alternation line) format — формат PAL. ♦ Европейский (кроме Франции) стандартный формат цветного видео- и телевизионного сигнала.

palette — **1)** палитра. ♦ Набор цветов, используемый данным устройством; **2)** палитра. ♦ Набор инструментов для рисования — фигур, цветов, линий различной толщины и кистей различной формы.

palette management — управление палитрой. ♦ Метод, используемый для выбора цветов из палитры для вывода на экран, в случае если монитор способен одновременно вывести на экран лишь ограниченное количество цветов палитры.

pane — панель. ♦ Термин, описывающий каждое из окон, получившихся в результате разделения окна, или прямоугольный участок строки состояния, который может быть использован для вывода информации.

PAP — протокол аутентификации пароля. *См. password authentication protocol.*

parameter — параметр. ♦ Объект, над которым выполняется процедура, значение, с которым работает оператор, программа, процедура.

parameter data member — параметрический элемент данных. ♦ В наборе записей — элемент данных, которому присвоено значение параметра. Значение параметра определяется во время исполнения программы.

parameter passing — передача параметров. ♦ Передача переменных подпрограмме, процедуре или функции в виде параметров (аргументов).

parent process — родительский процесс. ♦ В многозадачном режиме — процесс, который инициализирует другой процесс (процессы).

parent window — родительское окно. ♦ Окно, которое генерирует одно или несколько дочерних окон.

parser — синтаксический анализатор, анализатор. ♦ Часть компилятора, интерпретатора или другого транслятора, воспринимающая маркеры, поступающие от лексического анализатора и присоединяющая семантические блоки к этим маркерам.

partitioning — разделение диска. ♦ Разделение жесткого диска на несколько объемов или областей.

Pascal calling convention — или Pascal calling sequence, соглашение о стандарте языка Pascal. ♦ Соглашение, согласно которому аргументы продвигаются в стек в том порядке, в котором они появляются в вызове функции (слева направо).

passive caching — пассивное кэширование. ♦ Наиболее часто используемый режим работы кэш-памяти, при котором объекты в кэш-памяти модифицируются только по инициативе пользователя.

password authentication protocol — или PAP, протокол аутентификации пароля. ♦ Протокол, регулирующий обмен паролями и идентификаторами пользователя между сетевыми устройствами.

paste — вставить. ♦ Функция, которая копирует содержимое буфера обмена и вставляет его туда, куда указывает положение курсора.

path — **1)** путь доступа. ♦ Последовательность каталогов, пользуясь которой операционная система определяет положение файлов на дисках или дисков; **2)** путь доступа. ♦ Последовательность записей базы данных, просматриваемая приложением при выполнении некоторой операции; **3)** маршрут (передачи сообщения). ♦ В сети передачи данных — маршрут между любыми двумя узлами сети.

path bracket — скобки пути. ♦ Одна или несколько функций графического интерфейса устройства, заключенные между функциями BeginPath (обозначающей начало скобки) и EndPath (обозначающей конец скобки).

path control network — сеть управления маршрутом. ♦ В архитектуре сети системы SNA — сеть, ответственная за определение адресов устройств, желающих начать сеанс связи, и установление маршрута соединения между ними.

PBX (private branch exchange) — офисная автоматическая телефонная станция. *См. PABX.*

PC-NET — программное обеспечение для локальных сетей. ♦ Программное обеспечение для локальных сетей, рабочие станции которых использовали операционную систему MS-DOS, разработанную совместно Microsoft и IBM.

PCI — соединение периферийных компонентов. *См. peripheral component interconnection.*

PCM — 1) импульсно-кодовая модуляция. *См. pulse code modulation*; 2) plug-compatible manufacturer — производитель оборудования с совместимыми разъемами. ♦ Производитель оборудования, которое можно подключить к разъемам существующих компьютерных систем без дополнительных программных или аппаратных интерфейсов.

PCM converter (Microsoft) — импульсно-кодовый преобразователь (Microsoft). ♦ Программное обеспечение для кодирования-декодирования звуковых сигналов, позволяющее воспроизводить 16-битную звукозапись с помощью 8-битных звуковых плат, таких как Sound Blaster.

PCMCIA — или Personal Computer Memory Card International Association, Международная ассоциация (по) платам памяти персональных компьютеров.

PCT — закрытая технология связи. *См. private communication technology.*

PDC — главный контроллер домена. *См. primary domain controller.*

Peer Web services — автономная служба сети Web. ♦ Служба, позволяющая пользователю компьютера, использующего клиентскую операционную систему, такую как Windows 95 или Windows NT Workstation, создавать персональный Web-сайт.

peer-to-peer network — сеть с равноправными узлами. ♦ Сеть, в которой узлы допускают совместное использование ресурсов (принтеров, жестких дисков) другими пользователями сети.

pen — перо. ♦ В графических прикладных программах — объект, используемый для рисования линий и рамок.

peripheral component interconnection — или PCI, стандартный интерфейс для соединения с периферийными устройствами в большинстве компьютеров на базе микропроцессора Pentium, а также Power Macintosh.

PERL — язык PERL, практический язык выделения и создания отчетов. *См. practical extraction and reporting language.*

permanent storage — 1) постоянное устройство хранения данных. ♦ Жесткий диск или флоппи-диск; 2) постоянное место, хранилище данных. ♦ Файл или база данных.

permission — разрешение. ♦ Разрешение на исполнение определенных действий над объектами баз данных или разрешение на использование определенных операторов.

persistence — **1)** остаточное свечение. ♦ В компьютерной графике — величина, характеризующая скорость уменьшения яркости экрана после отключения воздействия (сигнала изображения); **2)** постоянство. ♦ В объектно-ориентированном программировании — свойство объекта, созданного для постоянного хранения (в отличие от объектов, созданных только на время исполнения программы).

pessimistic locking — захват по требованию. ♦ Метод захвата набора записей, при котором производится захват страницы, когда пользователь начинает редактирование записи на этой странице. Захват страницы сохраняется до конца редактирования. *См. optimistic locking.*

physical brush — физическая кисть. ♦ Битовый массив, используемый для заполнения фигур или закрашивания фона.

physical device — физическое устройство. ♦ Устройство, относящееся к аппаратному обеспечению.

physical font — физический шрифт. ♦ Шрифт, хранимый в памяти устройства, или шрифт, ресурс которого загружен в операционную систему.

physical layer — физический уровень. ♦ Уровень модели взаимодействия открытых систем, уровень протоколов, определяющих значение напряжения, временные интервалы и сигналы подтверждения.

physical unit — или PU, физический блок. ♦ Термин архитектуры сети системы SNA, относящийся к аппаратной части системы (терминалы, контроллеры).

PIF — информационный файл программы. *См. program information file.*

PING — пакетная программа отладки сетей. *См. packet Internet groper.*

pipe — канал. ♦ Тип данных операционной системы, служащий средством связи между процессами. Процесс может читать данные из канала и передавать данные в канал, как при работе с файлами. Каналы могут быть односторонними (когда один конец канала предназначен только для чтения, а другой только для записи) и двусторонними. Частным случаем канала является канал типа socket. *См. socket.*

pitch — 1) шаг. ♦ Расстояние между следующими друг за другом элементами, строками, знаками; 2) шаг расположения знаков в строке. ♦ Число знаков на единицу длины, величина, определяющая горизонтальный размер шрифта с фиксированной шириной знака.

pixel — точка, элемент изображения. ♦ Наименьший адресуемый элемент изображения на экране или напечатанной странице.

pixel image — битовый массив. *См. bitmap 1.*

pixel map — битовый массив. *См. bitmap 1.*

PKCS — стандарт шифрования с общедоступным ключом. *См. public key certificate standard.*

placeholder — метка-заполнитель. ♦ Текст в поле шаблона, указывающий тип значения поля или значение по умолчанию.

platform — платформа. ♦ Аппаратное обеспечение или операционная система, на основе которой работает прикладная программа.

plenum — пространство под потолком. ♦ В зданиях — пустое пространство, оставляемое для вентиляции между декоративными панелями и потолком. Существует ряд ограничений (по соображениям пожарной безопасности) на тип проводки и кабеля, располагающихся в этом пространстве. *См. plenum cabling.*

plenum cabling — коаксиальный кабель с огнеупорной изоляцией и оболочкой. ♦ Кабель со специальной изоляцией и оболочкой, содержащей добавки, уменьшающие выделения дыма при нагревании. *См. plenum.*

PLV — видео промышленного уровня. *См. production level video.*

PMD — или physical media-dependent (layer), физический, определяемый средой передачи (уровень). ♦ Тип локальной сети со скоростью передачи данных 100 Мбит/с, использующей стекловолоконный кабель и протокол FDDI. *См. PMD.*

point — 1) точка; 2) запятая (в десятичных дробях); 3) пункт. ♦ Типографский термин, представляющий единицу измерения размера шрифта, 1 пункт равен 1/72 дюйма. В большинстве стран, включая Россию, 1 пункт равен 1/72 французского дюйма, то есть 0,376 мм, в Великобритании, Канаде и США — 1 пункт равен 1/72 английского дюйма, то есть 0,351 мм.

point size — размер в пунктах, вертикальный размер шрифта. *См. point 3.*

point-to-point protocol — или PPP, усовершенствованный протокол последовательной передачи пакетов, используемый в сети Интернет, схожий с протоколом SLIP.

point-to-point tunneling protocol — или PPTP, двухточечный туннельный протокол, протокол PPTP. ♦ Новый сетевой протокол, обеспечивающий работу многопротокольных виртуальных частных сетей (VPN).

pointer — **1)** указатель. ♦ Тип данных, содержащих адрес данных другого типа, например переменной, функции, класса; **2)** указатель, курсор. ♦ Графический образ на экране, положение которого определяется устройством ввода данных (например, курсор мыши).

policy — **1)** набор правил, стратегия, алгоритм; **2)** режим (обеспечения безопасности). ♦ Набор правил, определяемых администратором системы относительно срока годности паролей для входа пользователей в систему, количества неудачных попыток входа в систему, приводящих к блокированию доступа данного пользователя и т.д.

polygon-filling mode — режим закрашивания многоугольника. ♦ В графических программах — алгоритм, определяющий часть площади, которая должна быть закрашена, заполнена, преобразована или вырезана.

polymorphism — полиморфизм, возможность реконфигурации. ♦ В языке C++ — концепция единого интерфейса для множества функций, например множества различных классов, содержащих функцию, выводящую на печать данные в соответствующем для объектов этого класса формате.

polynomial code — полиномиальный код, используемый в циклическом контроле. *См. CRC.*

pop-up menu — всплывающее меню, меню, которое появляется на экране после выполнения пользователем определенного действия (обычно щелчка клавишей мыши).

pop-up window — всплывающее окно. ♦ Неподвижное окно неизменяемого размера, которое остается на экране до тех пор, пока пользователь не закроет его.

POP — протокол обработки почты, протокол почтового отделения. *См. post-office protocol.*

port — **1)** порт. ♦ Точка подключения внешнего устройства к внутренней шине микропроцессора. Программа может посылать данные в порты или получать их из портов; **2)** порт. ♦ В протоколе транспортировки (TCP) сети Интернет — конечный пункт логического соединения, по которому проходит долговременный обмен (переговоры). *См. TCP port number.*

portable code — переносимый код, мобильный код, код, который может быть компилирован с небольшими изменениями или без изменений для исполнения на другой платформе.

portable operating system for UNIX — или POSIX, мобильная операционная система для UNIX. ♦ Определенный стандартом IEEE языковой интерфейс между операционной системой UNIX и прикладными программами.

POSIX — мобильная операционная система для UNIX. *См. portable operating system for UNIX.*

POST — power on self test, самодиагностика при включении питания. ♦ Самопроверка, выполняемая компьютером каждый раз при включении и перезапуске, во время которой определяется реальный объем памяти и наличие необходимых аппаратных компонентов.

post-office — почтовое отделение, узел сети, выполняющий обработку почтовых сообщений.

post-office protocol — или POP, протокол обработки почты, протокол почтового отделения. ♦ Протокол, работающий на основе протокола TCP/IP, позволяющий станциям-клиентам читать почтовые сообщения, поступающие с сервера. Существует три версии этого протокола: POP, POP2 и POP3.

postfix notation — постфиксная запись, «польская» инверсная запись. ♦ Запись, в которой оператор помещен после операндов.

POTS — **1)** plain-old telephone service — употребляемое в сети Интернет название для городской и междугородней телефонной сети; **2)** point of termination telephone station — точка, в которой телефонное соединение заканчивается.

PPP — двухточечный протокол, протокол PPP. *См. point-to-point protocol.*

PPTP — двухточечный туннельный протокол, протокол PPTP. *См. point-to-point tunneling protocol.*

practical extraction and reporting language — или PERL, язык PERL, практический язык выделения и создания отчетов. ♦ Язык создания сценариев, используемый, в основном, для создания прикладных программ сервера на языке HTML.

pragma — директива транслятора. ♦ Указание транслятору, указание, управляющее работой транслятора во время трансляции, написанное на входном языке, но не влияющее на смысл самой программы.

precompiled header (PCH) file — файл предварительно откомпилированного заголовка. ♦ Файл с расширением PCH, содержащий уже откомпилированный код части проекта.

precompiled header directive — директива предварительно откомпилированного заголовка. ♦ Оператор в исходном файле, указывающий, где предварительное компилирование части проекта должно быть остановлено. *См. precompiled header (PCH) file.*

predefined macro — предопределенная макрофункция. ♦ В программировании Windows — макрофункция, опознаваемая компилятором, которая не может быть изменена, то есть которой не могут быть переданы никакие аргументы и которая не может быть повторно определена.

predefined query — или stored procedure, предопределенный запрос или хранимая процедура. ♦ В языке SQL — хранящийся в базе данных набор, состоящий из одного или более операторов языка SQL, который может быть вызван из приложения при необходимости.

preemptive multitasking — многозадачный режим с вытеснением. ♦ «Подлинная многозадачность», разновидность многозадачного режима, в котором операционная система периодически прерывает исполнение одного процесса и исполняет другие, ожидающие исполнения, таким образом не допуская монопольного использования процессора одним процессом.

prefix — префикс, приставка.

prefix character — символ-приставка. ♦ В программировании элементов управления Windows — символ «&» в названии элемента управления, который указывает, что следующий символ в строке определяет клавишу доступа для данного элемента управления. Для пользователя символ, следующий за символом «&», будет выглядеть как подчеркнутый знак. *См. access key.*

prefix notation — префиксная запись, бесскобочная запись, «польская» запись. ♦ Запись, в которой оператор помещен перед операндами.

preprocessor — предпроцессор. ♦ Текстовый процессор, который производит предварительную обработку текста исходного файла, соответствующую первой фазе трансляции.

preprocessor directive — или compiler directive, директива препроцессора, или директива транслятора. ♦ Команда, обязывающая препроцессор выполнить некоторое действие над текстом исходной программы до начала трансляции.

presentation cache — буфер представления. ♦ В OLE — буфер памяти несущего документа, выделенный для графического представления связанного или внедренного объекта.

presentation data — данные представления. ♦ В OLE — графическое представление связанного или внедренного объекта.

presentation layer — уровень представления данных. ♦ Уровень модели OSI, уровень протоколов, определяющих порядок допуска к сети, порядок передачи файлов, форматирование и т.д.

PRI — интерфейс основного уровня. *См. primary rate interface.*

primary domain controller — или PDC, главный контроллер домена. ♦ В домене сервера Windows NT — компьютер, который выполняет аутентификацию пользователей при входе в систему и хранит базу данных каталогов домена.

primary key — первичный ключ. ♦ В базах данных — поле или группа полей, однозначно определяющих запись в данной таблице. Никакие две записи в таблице не могут иметь одно и то же значение первичного ключа.

primary language — основной язык. ♦ Язык, определенный для данной программы в качестве основного (например, русский или английский).

primary rate interface — или PRI, интерфейс основного уровня. ♦ Интерфейс, используемый в ISDN для обслуживания устройств с большим объемом передаваемой информации, таких как офисные АТС.

primary thread — или main thread, основная нить процесса, основной поток процесса.

primary token — основной маркер. ♦ Маркер доступа, определенный для данного процесса, представляющий используемую по умолчанию информацию о правах доступа этого процесса.

primary verb — основная команда. ♦ В OLE — команда, которая исполняется, если пользователь дважды щелкает клавишей мыши на элементе связи и внедрения объектов. Для большинства элементов связи и внедрения объектов основной является команда редактирования.

print processor — процессор печати. ♦ Библиотека динамической компоновки, которая получает информацию из буфера печати, обрабатывает ее и посылает на графический процессор (который также представляет собой библиотеку динамической компоновки Windows).

print server — сервер печати. ♦ Узел сети, управляющий одним или несколькими принтерами, которые совместно используются пользователями.

print spooler — буфер печати. ♦ Буфер для временного хранения файлов, ожидающих очереди на печать.

printable screen fonts — печатаемые экранные шрифты. ♦ Экранные шрифты, которые могут быть переведены в доступную для данного принтера форму.

priority queue — очередь по приоритету. ♦ Очередь, из которой элементы извлекаются для обработки в соответствии со значением приоритета, присвоенным каждому элементу.

private — **1)** частный, закрытый. ♦ Доступный только для ограниченного круга пользователей; **2)** закрытый. ♦ В языке C++ — ключевое слово, определяющее ограниченный доступ к членам класса.

private communication technology — или PCT, закрытая технология связи. ♦ Разработана для обеспечения защищенной передачи, предназначенной для ограниченного круга пользователей информации, по сети Интернет.

privilege — привилегии, права. ♦ Принадлежащие пользователю или программе права доступа к определенным объектам и ресурсам.

process — **1)** процесс. ♦ Последовательность операций при выполнении программы или части программы, а также данные, используемые этими операциями; **2)** обрабатывать (данные), выполнять (запрос).

production level video — или PLV, видео промышленного уровня. ♦ Алгоритм уплотнения видеосигнала, обеспечивающий высочайшее (на сегодняшний день) качество.

profiler — подпрограмма построения профиля. ♦ Инструмент для анализа поведения программы.

profiler batch input (PBI) file — входной командный файл подпрограммы построения профиля. ♦ В языке Visual C++ — файл с расширением PBI, который содержит в уплотненном виде информацию, необходимую для подпрограммы построения профиля (PROFILE).

profiler batch output (PBO) file — выходной командный файл подпрограммы построения профиля. ♦ В языке Visual C++ — промежуточный файл с расширением PBO, генерируемый подпрограммой построения профиля (PROFILE), используемый для передачи информации от одного шага построения профиля к другому.

profiler batch text (PBT) file — текстовый командный файл подпрограммы построения профиля. ♦ Файл с расширением РВТ, генерирующий профиль исходной программы в доступном для чтения виде.

program database (PDB) file — файл базы данных программы. ♦ Файл с расширением PDB, используемый для хранения информации о создаваемой пользователем программе.

program group — группа программ. ♦ Набор программ, представленный в окне «Диспетчера программ» Windows одной иконкой, над которым можно производить действия как над одним объектом.

program information file — или PIF, информационный файл программы. ♦ В Windows — файл, содержащий информацию о программе, не являющейся приложением к Windows, например информацию об объеме памяти, который требуется для этой программы, и т.д.

progress bar control — строка — индикатор выполнения. ♦ Окно, используемое для индикации выполнения какой-либо длительной операции, прямоугольник, который по мере выполнения операции заполняется слева направо определенным цветом.

projection — **1)** проекция. ♦ В реляционных базах данных — операция, выбирающая определенную часть записей из таблицы (таблиц) и исключающая повторения; **2)** проекция, в компьютерной графике — построение плоского изображения трехмерного объекта.

prolog code — код пролога. ♦ Часть кодовой последовательности пролога-эпилога, код, назначающий объем памяти в стеке для данной функции, адреса местных переменных этой функции и активизирующий регистры для переменных, передаваемых этой функции. *См. prolog/epilog code sequence.*

prolog/epilog code sequence — кодовая последовательность пролога-эпилога. ♦ В Windows — генерируемая компилятором кодовая последовательность, исполняемая при обращении к функции.

property page — страница свойств. ♦ Страница, содержащая список свойств объекта, составная часть таблицы свойств.

property set — набор свойств. ♦ В OLE — информация, описывающая документ, сохраненный в стандартном формате; например набор свойств документа, созданного с помощью текстового редактора, может содержать имя автора, заголовок, ключевые слова.

property sheet — таблица свойств. ♦ Диалоговое окно, используемое для модификации свойств некоторого внешнего объекта, состоит из несущего диалогового окна, одной или нескольких страниц свойств, выводимых на экран по одной, и ярлыка сверху на каждой странице, щелкнув мышью на котором пользователь может перейти к этой странице.

protected — ключевое слово в языке C++, означающее ограниченный доступ к членам класса.

protected mode — защищенный режим. ♦ Режим работы процессоров Intel, обеспечивающий многозадачную работу, защиту данных и организацию виртуальной памяти.

protocol — протокол. ♦ Регламентированная процедура регистрации и коммутации сообщений между несколькими устройствами или процессами.

provider interface — интерфейс оператора. ♦ Интерфейс прикладных программ, обеспечивающий централизованную административную поддержку рабочих станций-клиентов в сети.

proxy client — клиент прокси-сервера. ♦ Компьютер в локальной сети, который должен использовать услуги сервера-представителя, чтобы получить доступ к сетевым службам за пределами этой локальной сети.

proxy host — прокси-сервер. *См. proxy server.*

proxy server — прокси-сервер. ♦ Сервер, действующий как посредник между Web-серверами и компьютерами-клиентами. Сервер-представитель обеспечивает возможность для компьютеров закрытой локальной сети пользоваться услугами Интернета без необходимости подсоединять эти компьютеры к Интернету напрямую. Сервер-представитель может быть установлен на компьютере, выполняющем функции «противопожарного барьера». *См. firewall.*

PTR (pointer resource) record — запись ресурса указателя. ♦ Запись, устанавливающая статическое соответствие между адресом протокола Интернета и именем компьютера в файле реверсивного поиска в системе DNS. *См. reverse look-up file.*

PU — физический блок. *См. physical unit.*

public — ключевое слово в C++, означающее неограниченный доступ к членам класса.

public key certificate standard — или PKCS, стандарт шифрования с общедоступным ключом. ♦ Стандартный синтаксис, описывающий различные функции защиты данных, включая стандартный способ присоединения подписей к блокам данных, формат запроса сертификата и алгоритмы шифрования с общедоступным ключом.

public key cryptography — шифрование с общедоступным ключом. ♦ Метод шифрования данных, передаваемых на сервер и от сервера.

public volume — общедоступный объем. ♦ Область жесткого диска, содержащая информацию, которая может быть совместно использована несколькими пользователями.

pulse code modulation — или PCM, импульсно-кодовая модуляция. ♦ Метод преобразования аналогового сигнала в цифровой.

punctuators — знаки пунктуации. ♦ Знаки, имеющие синтаксическое или семантическое значение (например, «!», «%», «^»).

put-to operator — или output operator, оператор вставки. *См. insertion operator.*

PVC — или poly-vinil chloride, полихлорвинил. ♦ Материал, используемый для изоляции и изготовления оболочки большинства типов коаксиального кабеля.

Px64 — стандарт Px64. ♦ Стандартный вид уплотнения видеосигнала, передаваемого по каналам со скоростью 64 Кбит/с, в видеотелефонной и конференц-связи. Известен также под названием рекомендации ITU-T H.261.

Q

QBE — запрос по образцу. *См. query by example.*

qualified name — составное имя, уточненное имя. ♦ В языке C++ — имя, стоящее после оператора определения контекста (: :). Составное имя указывает на то, что функция является членом данного класса. *См. scope resolution operator.*

query — запрос. ♦ Задание на извлечение определенных данных из источника данных.

query by example — или QBE, запрос по образцу. ♦ Название служебной программы, позволяющей пользователю просто создавать запросы к базе данных. Примером может служить QBE, разработанная IBM Corporation для баз данных DB2, или QBE, разработанная Microsoft для MS Access.

query optimizer — оптимизатор запроса. ♦ Компонент системы управления базами данных, генерирующий оптимальный план исполнения запроса.

queue — очередь. ♦ Структура данных для хранения списка объектов, подлежащих обработке.

R

r-value (right value) — величина, стоящая в правой части выражения. ♦ Часто — значение переменной, значение выражения.

RAD — скоростная разработка приложений. См. *rapid application development*.

radio button — переключатель. ♦ В графическом интерфейсе пользователя — переключатель, входящий в группу, из которой может быть выбран один и только один переключатель. См. *radio group*.

radio group — группа переключателей. ♦ Группа переключателей. См. *radio button*.

radix — 1) основание системы счисления. См. *base*; 2) корень (математический); 3) основание логарифмов.

RAID — избыточный массив недорогих дисков. См. *redundant arrays of inexpensive disks*.

RAM — или random-access memory — 1) оперативное запоминающее устройство, ОЗУ, запоминающее устройство с произвольной выборкой — плата, содержащая полупроводниковую микросхему, одна из основных микросхем компьютера; 2) оперативная память, основная память, ОЗУ — запоминающее устройство на основе полупроводниковой микросхемы, предназначенное для хранения данных, куда данные могут быть записаны (и считаны) микропроцессором или другими аппаратными устройствами.

RAM start address — стартовый адрес ОЗУ. См. *base memory address*.

rapid application development — или RAD, скоростная разработка приложений. ♦ Программное обеспечение для быстрой разработки приложений, включающее в себя визуальные средства разработки, позволяющие упростить и ускорить процесс кодирования.

RAS — удаленный доступ. *См. remote access service.*

raster — растр. ♦ Представление изображения в виде двухмерного массива точек (элементов растра), упорядоченных в строки и столбцы.

raster display — растровый монитор. ♦ Монитор, изображение на экране которого воспроизводится с помощью следующих друг за другом сверху вниз горизонтальных линий развертки.

raster font — или bitmap font, nonscalable font, растровый шрифт, немасштабируемый шрифт. ♦ Шрифт, в котором каждый глиф представлен уникальным битовым массивом и имеет определенный размер и стиль. *См. glyph.*

raster graphics — или bitmapped graphics, растровая графика. ♦ Графические изображения, представленные массивами элементов, упорядоченных в строки и столбцы.

raster operation — или ROP, растровая операция. ♦ В компьютерной графике — логическая операция над цветовыми значениями элементов изображения.

raster operation code — код растровых операций. ♦ 32-битный код, определяющий способ, которым Windows смешивает цвета в выходных операциях (для изображения на экране).

rasterization — растрирование. ♦ Преобразование изображений векторной графики в растровую графику.

raw data — необработанные, обычно неформатированные данные.

RDBMS — система управления реляционной базой данных. *См. relational database management system.*

RDO — удаленные объекты (базы) данных. *См. remote data objects.*

read only — открытый только для чтения, неизменяемый. ♦ О файлах, которые могут быть считаны, но не могут быть изменены.

real number — действительное число. *См. floating-point number.*

real-time — в реальном (масштабе) времени, в истинном (масштабе) времени.

real-time protocol/real-time control protocol — или RTP/RTCP, протокол TCP/IP реального (масштаба) времени. ♦ Протокол, определяющий формат пакетов для пересылки по сети Интернет в масштабе реального времени. Утвержден в качестве стандарта комитетом IETF.

real-time video — или RTV, видео в реальном масштабе времени. ♦ Симметричный алгоритм уплотнения цифрового видеосигнала в режиме реального времени со скоростью 30 кадров в секунду.

RealAudio — протокол передачи звуковых сигналов. ♦ Протокол, обеспечивающий передачу звуковых сигналов по сети Интернет.

redundant arrays of inexpensive disks — или RAID, избыточный массив недорогих дисков. ♦ Метод повышения устойчивости компьютерной системы к ошибкам, при котором используется несколько (от 2 до 32) жестких дисков, соединенных параллельно. Благодаря избыточности RAID повышает устойчивость компьютерной системы к ошибкам, надежность ее работы и обеспечивает полное восстановление компьютерной системы после отказа.

record — 1) запись, структурная единица информации; 2) записывать, регистрировать.

record field exchange — или RFX, обмен полями записей. ♦ Механизм, с помощью которого классы баз данных, входящие в состав библиотеки основных классов Microsoft, перемещают данные между полями локальных объектов и соответствующими столбцами внешней базы данных.

record locking — захват записи. ♦ Свойство базы данных автоматически прекращать доступ пользователей к определенной записи из соображений секретности или для предотвращения одновременных попыток пользователей манипулировать данными в этой записи.

record view — представление записи. ♦ В прикладных программах доступа к базам данных — форма, элементы управления которой напрямую подсоединены к полям набора записей и, через поля записей, к полям таблицы в базе данных.

recordset — набор записей. ♦ Набор записей, выбранных по определенному критерию из одного источника данных.

recursive — рекурсивный. ♦ О функции или программе, способной вызвать саму себя, обратиться к самой себе.

recursive relation — рекурсивное отношение. ♦ В реляционных базах данных — отношение между записями одной и той же таблицы.

redirector — редиректор. ♦ Служебная программа, работающая на сеансовом уровне модели OSI, к которой прикладные программы обращаются, чтобы установить местонахождение ресурса в сети.

redraw flag — флажок модификации (окна, экрана). ♦ Логический параметр многих функций в Windows; если этот параметр окна, например, равен 0, то окно не может быть модифицировано, если значение этого параметра равно 1 — окно может быть заполнено новой информацией.

reentrant — повторно используемый, обладающий свойством повторного вхождения. ♦ О коде, который может быть использован несколькими программами или несколькими процессами одной программы одновременно.

reference — **1)** ссылка, сноска. ♦ Использование в описании одного объекта имени другого объекта; **2)** указатель. ♦ В языке С++ — вид указателя, который используется для доступа к переменной с помощью ее адреса; **3)** обращение. ♦ Обращение к функции, переменной, запоминающему устройству, элементу массива или записи и т.д; **4)** эталонный.

reference count — счет обращений, счет ссылок. ♦ Подсчет количества указателей, которые обращаются к данному объекту.

referential integrity — логическая целостность. ♦ В управлении базами данных — набор правил, сохраняющих установленные взаимоотношения между таблицами при вводе новых записей или стирании старых.

region — **1)** область, зона, диапазон; **2)** площадь. ♦ В приложениях к Windows — фигура или комбинация фигур, определяющая часть площади окна-клиента, которая должна быть закрашена, преобразована, предназначена для вывода данных, обрамлена и т.д.

register — **1)** регистр. ♦ Небольшой, обычно 32-битный, поименованный участок высокоскоростной памяти, используемый для хранения обрабатываемой или управляющей информации; **2)** регистрировать.

register storage class — регистровый класс памяти. ♦ Описание аргументов функции и локальных переменных, определяющее, что относящиеся к ним величины должны храниться в высокоскоростных регистрах.

register variable — регистровая переменная. ♦ В языках С и С++ — локальная переменная, которая должна храниться в высокоскоростном регистре, на что указывает ключевое слово register.

registration database — регистрационная база данных. *См. registry.*

registration entry (REG) file — регистрационный файл. ♦ В прикладных программах, использующих OLE, — текстовый файл с расширением REG, содержащий информацию о классах, используемых приложением-сервером.

registry — или system registration database, registration database, реестр. ♦ В 32-битной операционной системе Windows — база данных, находящаяся в файлах USER.DAT и SYSYTEM.DAT и содержащая информацию о конфигурации системы.

registry key — ключ системной регистрационной базы данных. ♦ Запись в системной регистрационной базе данных, содержащая уникальный идентификатор, присвоенный каждой единице информации в системной регистрационной базе данных.

regular expression — регулярное выражение. ♦ Строка поиска, использующая установленные знаки (например «*») для описания искомого текста, имени файла и т.д., например ab*c для поиска имен типа ac, abc, abbc.

relation — 1) отношение, соотношение, связь, зависимость; 2) отношение. ♦ В реляционных базах данных — взаимосвязь, существующая между двумя или более объектами базы данных.

relational database — реляционная база данных. ♦ База данных, организованная в соответствии с отношениями между объектами. Структура данных, воспринимаемая пользователем как набор таблиц.

relational database management system — или RDBMS, система управления реляционной базой данных.

relative link — относительная связь. ♦ В документах HTML — связь между документами, которая сохраняется даже тогда, когда документ, содержащий эту связь, меняет свое местоположение.

relative path — относительный путь. ♦ Путь, определяющий местоположение файла, документа или другого объекта относительно данного файла, документа, объекта.

relative time — или time span, относительное время или временной интервал. ♦ Разность между двумя абсолютными значениями времени.

relay — реле. ♦ Устройство для соединения локальных сетей; к реле относят такие сетевые устройства, как мост, повторитель, маршрутизатор, шлюз.

release version — рыночная, распространяемая версия. ♦ Компилированная версия программы, не включающая отладочных и диагностических функций.

relocation information — информация о перемещении. ♦ Информация для компоновщика о командах в объектном файле, которые следует дополнить адресами других объектов, определенных в других исходных файлах. Эти адреса будут определены после того, как все объектные файлы будут скомпонованы друг с другом. *См. fixup 1.*

remote access service — или RAS, дистанционный доступ. ♦ Свойство сервера Windows NT, позволяющее организовать соединение удаленной рабочей станции с главным компьютером, доступ этой станции к файловому процессору Windows NT или службам печати и обработки файлов NetWare.

remote data objects — или RDO, удаленные объекты (базы) данных. ♦ Интерфейс доступа к удаленным базам данных, объектный интерфейс высокого уровня, который непосредственно использует ODBC.

remote debugging — дистанционная отладка. ♦ Отладка приложения, выполняемого на другом компьютере.

remote job entry — или RJE, дистанционный ввод заданий. ♦ Передача пакета заданий с удаленного терминала к большой ЭВМ IBM.

remote machine — **1)** или remote computer, удаленный компьютер. ♦ Компьютер, доступный по каналу связи, кабельной линии и т.д; **2)** удаленная машина, удаленный компьютер. ♦ При дистанционной отладке — компьютер, на котором исполняется отлаживаемое приложение, в отличие от главного компьютера, на котором работает программа отладки. *См. remote debugging.*

remote procedure call — или RPC, дистанционный вызов процедуры. ♦ В распределенной обработке данных — порядок вызова функций или процедур, являющихся частью другого процесса.

rendering — **1)** воспроизведение изображения. ♦ Создание изображения по представлению; **2)** представление данных. ♦ В операции пересылки данных — форматирование данных, делающее их доступными для приложения, для которого данные пересылались. *См. immediate rendering, delayed rendering.*

repeat count — число повторений. ♦ Величина, определяющая количество нажатий клавиши, соответствующее времени, в течение которого клавиша клавиатуры была нажата и удержана пользователем.

repeater — повторитель. ♦ Устройство в сети, ретранслирующее сигнал, чтобы избежать затухания сигнала в линии передачи.

repeating subquery — повторяющийся подзапрос. *См. correlate subquery.*

report generator — генератор отчетов. ♦ Компонент программного обеспечения для баз данных, обеспечивающий создание форматированных отчетов (выходных данных).

repository — хранилище (для модели базы данных). ♦ Каталог для хранения, обслуживания, управления и защиты моделей баз данных. Информация, хранимая в этом каталоге, включает в себя определения данных и их взаимосвязей, код приложения и информацию о правах доступа к базе данных.

request for comments — или RFC, запрос подачи комментариев. ♦ Специальная служба в сети Интернет, собирающая комментарии и предложения пользователей сети Интернет. Адрес этой службы — http://ds.internic.net/ds/dspg1intdoc.html.

request for proposals — или RFP, запрос подачи предложений. ♦ Документ, посылаемый продавцам программного и аппаратного обеспечения потенциальным покупателем с указанием требуемых характеристик и запросом предложений.

reserve size — объем резерва, зарезервированный ресурс. ♦ Объем ресурса, который должен быть выделен для определенного использования.

reserved word — зарезервированное слово. *См. keyword 2.*

resource — ресурс. ♦ Любая часть аппаратного или программного обеспечения компьютерной системы или сети, которая может быть выделена для использования процессом, программой.

resource browser window — окно просмотра ресурсов. ♦ Окно, которое позволяет просмотреть на экране ресурсы, используемые проектом, а также добавить, убрать, изменить какие-то из этих ресурсов.

resource compiler — компилятор ресурса. ♦ Приложение, создающее двоичный файл ресурса на основе файла определения ресурса (RC-файла). Компилятор ресурса также присоединяет двоичный файл ресурса к исполняемому файлу и создает таблицу ресурса в заголовке исполняемого файла.

resource editor — редактор ресурсов. ♦ Специальная сервисная программа, которая может быть использована для добавления, удаления и редактирования ресурсов программы.

resource fork — раздел ресурсов. ♦ Часть файла Apple Macintosh, содержащая многократно используемые программой элементы, такие как блоки кода, значки, шрифты, звуки.

resource identifier (ID) — идентификатор ресурса. ♦ В операционных системах Windows и MacOS — номер, однозначно определяющий данный ресурс среди ресурсов того же типа, например определенное меню среди ресурсов типа МЕНЮ.

resource interchange file format — или RIFF, формат обмена ресурсами. ♦ Независимая от платформ спецификация для средств мультимедиа, опубликованная Microsoft совместно с другими компаниями в 1990 году, позволяющая хранить информацию от различных элементов системы мультимедиа (графических, звуковоспроизводящих, видео) в общем формате.

resource type — тип ресурса. ♦ Категория ресурса в операционных системах Windows и MacOS, такая как код, шрифт, диалоговое окно, меню, значок.

resource-definition file — или resource script file, файл определения ресурсов. ♦ Текстовый файл, содержащий описание ресурсов, в приложениях к Microsoft Windows этот файл имеет расширение RC.

RESOURCE.H file — файл заголовка ресурса. ♦ В языке С — зарезервированное имя файла заголовка, соответствующего файлу определения ресурсов приложения.

resource script file — файл определения ресурсов. *См. resource-definition file.*

response file — файл отклика. ♦ Текстовый файл, содержащий различные параметры и имена файлов, которые обычно печатаются в командной строке или определяются с помощью переменной режима компилятора/компоновщика. *См. CL environmental variable.*

restored window — восстановленное окно. ♦ Окно, чьи размеры и положение на экране восстановлены после того, как оно было увеличено или свернуто.

result code — код результата. *См. return code.*

result set — набор результатов, набор данных, возвращаемых в базу данных в результате выполнения запроса языка SQL.

retrieve rate — скорость доставки. ♦ Скорость, с которой объекты или URL извлекаются из кэш-памяти.

return code — или result code, exit code, код возврата, код результата, код выхода. ♦ Код, несущий информацию о результате выполнения процедуры или, в случае завершения программы или процесса, передающий управление системой другой программе.

return type — тип возврата, тип возвращаемых данных. ♦ Тип данных, возвращаемых функцией. Тип возвращаемых данных указывается в описании функции.

return value — величина возврата. ♦ В зависимости от типа возвращаемых данных — величина, означающая успех или неуспех выполнения функции (1 или 0) или результат вычислений. *См. return type.*

reverse look-up — реверсивный поиск. ♦ Метод определения имени компьютера по известному адресу IP, в противоположность методу, используемому сервером DNS, — определению адреса IP для указанного имени компьютера.

reverse look-up file — файл реверсивного поиска. ♦ Специальный файл, содержащий базу данных, устанавливающую соответствие между адресами IP и именами компьютеров в определенной зоне DNS.

Rez — язык создания сценариев. ♦ Язык, входящий в состав рабочей среды программиста персонального компьютера Macintosh (Macintosh Programmer's Workshop).

RFC — **1)** запрос подачи комментариев. *См. request for comments*; **2)** стандарты RFC. ♦ Название официальных документов IEFT, содержащих подробное описание протоколов, входящих в семейство протоколов TCP/IP.

RFP — запрос подачи предложений. *См. request for proposals.*

RFX — обмен полями записей. *См. record field exchange.*

RGB (red, green, blue) — «красный, зеленый, синий». ♦ Модель смешения цветов, метод представления любого цвета в виде смеси трех основных цветов.

RGBA (red, green, blue, alpha) — «красный, зеленый, синий, альфа». ♦ Модель смешения цветов, в которой к трем основным цветам модели «красный, зеленый, синий» добавлен четвертый компонент — альфа, управляющий смешением цветов.

RGBA mode — режим RGBA. ♦ Режим работы видеоплаты монитора, при котором информация о цвете элементов изображения представлена в виде красного, зеленого, синего и альфа-компонента.

rich-text format (RTF) file — файл в формате RTF. ♦ Файл в полнотекстовом формате, содержащий кодированные форматированные текст и графическую информацию. Файл в формате RTF используется для передачи текстовой и графической информации между приложениями.

RIFF — формат обмена ресурсами. *См. resource interchange file format.*

right outer join — правое внешнее объединение. ♦ В реляционных базах данных — операция объединения двух таблиц, результат которой содержит все записи правой таблицы и только те записи левой таблицы, которые удовлетворяют условию объединения.

ring — кольцо. ♦ Топология сети, в которой устройства последовательно соединены с помощью ненаправленных каналов передачи, образующих замкнутую фигуру, кольцо.

RIP — протокол (обмена) информацией маршрутизации. *См. routing information protocol.*

risk management — учет и управление риском. ♦ Процесс определения и сведения к минимуму или устранения влияния непредсказуемых событий, таких как отключение питания или деятельность хакеров, способных оказать влияние на ресурсы системы.

RJ (Registered Jack) numbers — номера RJ. ♦ Обозначения типов соединителей, используемых в локальных сетях для соединений с помощью неэкранированного кабеля в виде скрученной пары проводов, например RJ-11, RJ-45.

RJE — дистанционный ввод заданий. *См. remote job entry.*

RLE — кодирование на основе длин серий. *См. run-length encoding.*

RLE8 compression — уплотнение типа RLE8. ♦ Формат уплотнения графической информации, в котором последовательность идентичных элементов изображения представляется в виде количества элементов и общего цветового значения. *См. RLE.*

rollback — **1)** возвращение к пройденной точке программы для повторного пуска; **2)** откат. ♦ В базах данных — операция, позволяющая отменить изменения в данных, сделанные во время транзакции, которая была отменена или не удалась; **3)** обратная перемотка (магнитной ленты).

rollforward восстановление. ♦ В базах данных — способность системы восстанавливаться после крупных отказов, вызванных, например, разрушением носителя информации или головки, путем считывания журнала транзакций и восстановления всех читаемых и завершенных транзакций.

root — корень. ♦ В иерархической структуре — элемент, от которого доступны все другие элементы и выше которого нет элементов в данной иерархии.

ROP — растровая операция. *См. raster operation.*

rotation — 1) сканирование, развертка. ♦ Например, построчная развертка при выводе графических данных из буфера кадров на печать; 2) вращение. ♦ Поворот графического объекта на экране относительно его исходного положения в координатной плоскости; 3) циклический сдвиг. ♦ Например, циклический сдвиг кода в регистре.

router — 1) маршрутизатор. ♦ Электронное устройство, соединяющее две или более локальные сети или локальную сеть с сетью Интернет. Маршрутизатор считывает адреса сообщений и передает дальше только те сообщения, которые предназначены для другой сети; 2) программа прокладки маршрута в сети, программа маршрутизации.

routine — программа. ♦ Стандартная или часто используемая программа или последовательность команд, вызываемых другой программой.

routing protocol — протокол маршрутизации, протокол трассировки. ♦ Протокол, используемый маршрутизаторами для прокладки маршрута. *См. router.*

routing information protocol — или RIP, протокол (обмена) информации маршрутизации. ♦ Протокол, позволяющий маршрутизатору в сети обмениваться информацией о маршруте передаваемого сообщения с соседним маршрутизатором. *См. router.*

row — 1) строка, ряд; 2) строка. ♦ В базах данных — группа связанных друг с другом полей, воспринимаемая как единица информации, логический эквивалент записи.

rowset — набор строк. ♦ В ODBC — одна или более строк, возвращаемые в результате одной операции выборки (FETCH).

RPC — дистанционный вызов процедуры. *См. remote procedure call.*

RSA — алгоритм RSA. ♦ Алгоритм шифрования данных с общедоступным ключом, используемый в сети Интернет. Аббревиатура составлена из первых букв имен создателей алгоритма: Rivest, Shamir, Adelman.

RTP/RTCP — протокол TCP/IP реального (масштаба) времени. *См. real-time protocol/real-time control protocol.*

RTTI — динамическая информация о типе. *См. run-time type information.*

RTV — видео в реальном масштабе времени. *См. real-time video.*

rubber-band selection — выбор по методу «резиновой ленты». ♦ Способ одновременного выбора нескольких элементов на экране путем охвата этих элементов увеличивающимся в размерах прямоугольником.

rule — **1)** правило, требование, набор условий. ♦ В языке SQL — набор условий, выполнение которых проверяется в момент ввода данных для обеспечения соответствия данных этому набору; **2)** масштабная линейка, шкала.

run — **1)** однократный проход, прогон программы; **2)** отрезок. ♦ В растровой графике — группа точек растра, цвет которых задается один раз для всей группы.

run-length encoding — кодирование на основе длин серий. *См. RLE.*

run-time class information — динамическая информация о классе объекта. ♦ В языке C++ — механизм, позволяющий определить класс объекта во время исполнения программы.

run-time dynamic linking — динамическая связь во время выполнения программы. ♦ Связь программы с объектом или библиотекой, которая устанавливается во время выполнения программы.

run-time error — ошибка, проявляющаяся во время исполнения. ♦ Математическая или логическая ошибка в программе, которая становится явной только во время исполнения программы.

run-time type information — или RTTI, динамическая информация о типе. ♦ В языке C++ — механизм, позволяющий определить тип объекта во время исполнения программы.

running state — рабочее состояние. ♦ В OLE — состояние объекта составного документа (связанного или внедренного объекта), когда исполняется прикладная программа этого объекта и есть возможность редактировать объект, получить доступ к его интерфейсам, получать уведомления об изменениях.

S

s-video (separated video) — разделенный видеосигнал. ♦ Видеосигнал, в котором составляющие яркости и цветности передаются отдельно, что позволяет заметно повысить качество изображения по сравнению со смешанным видеосигналом. *См. composite video.*

SAG — название консорциума компаний — продавцов программного обеспечения. *См. SQL Access Group.*

sampling — **1)** процесс выбора дискретных данных, дискретизация, стробирование. ♦ Дискретное представление аналоговой величины при помощи измерения ее в определенные моменты времени; **2)** выборка. ♦ Совокупность элементов некоторого множества, выбранная для специальных, часто — статистических целей.

sampling frequency — или sampling rate, частота дискретизации, частота стробирования. ♦ Частота замеров аналоговой величины при ее дискретизации.

sampling rate — частота дискретизации. *См. sampling frequency.*

saturated colors — насыщенные цвета. ♦ Яркие цвета, особенно красный и оранжевый, воспроизведение которых в видео связано с определенными проблемами, такими как цветные «факелы», затекание цвета за края изображения и т.д.

saturation area — область насыщения. ♦ Находящаяся за пределами рабочей области часть характеристики электронного устройства, в которой выходной сигнал остается постоянным независимо от изменения входного сигнала.

savepoint — точка сохранения транзакции. ♦ В языке SQL — указатель, который пользователь помещает внутри определенной пользователем транзакции. При обратной прокрутке транзакция возвращается к точке сохранения, а не к началу транзакции.

SBR file — SBR-файл. ♦ Промежуточный файл, который компилятор создает для сервисной программы просмотра информации BSMAKE, по одному для каждого объектного файла (с расширением OBJ).

scalability — **1)** масштабируемость. ♦ Характеристика компьютерной архитектуры, на основе которой можно создавать различные типы компьютеров, например — переносные компьютеры, микрокомпьютеры, мини-компьютеры, серверы, кластеры; **2)** масштабируемость. ♦ Характеристика программного обеспечения, которое может быть эффективно использовано как для больших, так и для малых групп пользователей; **3)** изменяемость размеров. ♦ В видеоизображениях — возможность создания на экране видеоокон больших или меньших размеров.

scalable font — шрифт с изменяемыми размерами, масштабируемый шрифт. ♦ Шрифт, знаки которого могут быть воспроизведены с любым размером, не меняя своих определенных очертаний. Векторные шрифты и шрифты типа TrueType, Macintosh System 7, PostScript представляют собой шрифты с изменяемыми размерами, растровые шрифты — шрифты с неизменяемыми размерами.

scalar type — **1)** скалярный тип. ♦ Тип данных, значения которого не имеют компонентов; **2)** скалярный тип. ♦ Тип данных, над которыми определены операции «следующий» и «предыдущий».

scaling — **1)** выбор масштаба, масштабирование. ♦ Линейное уменьшение или увеличение размеров; **2)** деление или умножение на константу.

scan — **1)** сканирование, просмотр, поиск, считывание; **2)** развертка. ♦ Представление изображения на экране с помощью электронного луча. *См. scan line;* **3)** лексический анализ. ♦ Первый этап трансляции.

scan code — код клавиши. ♦ Идентификатор, определяющий каждую клавишу клавиатуры. При печати клавиатура вырабатывает код клавиши дважды, один раз — когда пользователь нажимает клавишу, и второй — когда он ее отпускает.

scan line — **1)** линия развертки. ♦ На телевизионном экране или экране монитора — одна из горизонтальных линий, которые вычерчивает электронный луч, формируя изображение на экране. **2)** линия развертки. ♦ Ряд элементов изображения, считываемых сканирующим устройством, таким как оптический сканер, факсимильный аппарат и т.д.

scanner — сканер. ♦ Электронное устройство, которое считывает текст, рисунки, фотографии с помощью оптического считывающего устройства и преобразует полученную информацию в графический формат, пригодный для компьютерной обработки и передачи по линии связи. *См. TIFF.*

schema — схема. ♦ Логическая структура в базах данных.

schema number — номер схемы. ♦ В библиотеке основных классов Microsoft — номер, представляющий версию использования класса.

Schema Wizard — диалоговая программа в составе администратора базы данных dbWeb, которая направляет действия пользователя в процессе создания страниц HTML или работы с приложением интерфейса ISAPI.

scope — 1) область действия, сфера рассмотрения; 2) контекст, область видимости. ♦ Часть программы, в которой могут быть использованы данное имя, идентификатор константы, переменной, типа данных, программы.

scope-resolution (: :) operator — оператор определения контекста. ♦ В языке C++ — оператор с наивысшим приоритетом, используемый для определения контекста операнда.

screen coordinates — экранные координаты. ♦ Координаты точки на экране в прямоугольной системе координат (y — вертикальная координата, x — горизонтальная), начало отсчета которой находится в левом верхнем углу экрана.

script — 1) документ, подлинник, оригинал; 2) тестовый драйвер. ♦ При генерации тестов; 3) сценарий. ♦ Программа, представляющая собой набор команд для приложения или сервисной программы, включающий простейшую управляющую структуру, такую как цикл или выражение типа «IF..THEN». Команды в сценарии обычно записаны с использованием правил и синтаксиса приложения.

script engine — двигатель сценариев. ♦ Программа, действующая как компилятор, переводящая сценарий на язык приложения.

script file — файл сценария. ♦ Файл, содержащий сценарий для данного приложения. Примерами файлов сценария могут служить пакетный файл MS-DOS (с расширением BAT) и файл определения ресурсов (RC). *См. script 3.*

scroll bar — полоса прокрутки. ♦ В графическом интерфейсе пользователя — элемент управления, расположенный на границе окна и позволяющий прокручивать изображение, страницы документа на экране.

scroll-bar code — код прокрутки. ♦ Двухбитная величина, определяющая запрос пользователя на прокрутку изображения.

scroll-bar control — окно управления прокруткой. ♦ Окно управления, принадлежащее к классу окон SCROLLBAR. Оно выглядит и функционирует как стандартная линейка прокрутки, однако представляет собой самостоятельное окно с определенными свойствами.

scrolling — прокрутка изображения. ♦ Перемещение документа в окне, позволяющее просмотреть различные его части.

scrolling range — диапазон прокрутки. ♦ Диапазон между начальной и конечной величиной, который может быть просмотрен с помощью прокрутки.

SCSI — *см. small computer systems interface.*

SDH — синхронная цифровая иерархическая сеть. См. *synchronous digital hierarchy*.

SDI — интерфейс одного документа. См. *single document interface*.

SDK — комплекс инструментальных средств разработки программ. См. *software development kit*.

SDLC — протокол управления каналом синхронной передачи данных. См. *synchronous data link control*.

SECAM — или Sequential Coleur a Memoire, система цветного телевидения SECAM. ♦ Сокращенное французское название Sequential Coleur a Memoire, система цветного телевидения, принятая во Франции и, наряду с PAL, в большинстве стран Восточной Европы, включая Россию. См. *PAL*.

secondary language — вариант языка. См. *sublanguage*.

sector — сектор. ♦ Часть магнитного диска или информация, хранящаяся в этой части магнитного диска.

secure electronic payments process — или SEPP, защищенная обработка электронных платежей. ♦ Недавно предложенная спецификация, определяющая стандарты для обработки защищенных коммерческих электронных транзакций. См. *secure electronic transactions, secure transaction technology*.

secure electronic transactions — или SET, защищенные электронные транзакции. ♦ Название протокола, использующегося для безопасной пересылки платежей, расчетов по кредитным карточкам при заключении торговых сделок через Интернет.

secure sockets layer — или SSL, уровень управления доступом к данным, уровень защищенных каналов. ♦ Уровень протокола, определяющего меры по защите данных, расположенный между служебным протоколом HTTP и протоколом TCP/IP.

secure transaction technology — или STT, технология защищенных транзакций. ♦ Недавно предложенная технология, которая совместно со стандартом защищенной обработки электронных платежей (SEPP) составляет протокол SET. См. *secure electronic payments process, secure electronic transactions*.

security attribute — атрибут секретности. ♦ Характеристика файла или объекта, регулирующая доступ к нему и привилегии пользователя или других объектов по отношению к нему. См. *access token*.

security descriptor — дескриптор безопасности. ♦ Структура данных, содержащая информацию об ограничении доступа к объекту. Эта информация может включать имя владельца, списки управления доступом и т.д.

security identifier — или SID, идентификатор доступа. *См. security identifier.* ♦ Идентификатор, однозначно определяющий пользователя или группу пользователей для всех служб управления доступом к ресурсам Windows NT. *См. access token, impersonation token, primary token.*

security policy — меры безопасности. ♦ Набор принятых на данном предприятии законов, правил и практических мер, касающихся обработки, распределения и перемещения информации, рассчитанной на ограниченный круг пользователей.

segment — **1)** сегмент изображения. ♦ Часть изображения, которой можно манипулировать как единым целым; **2)** сегмент памяти, область памяти.

SEH — структурированная обработка ошибок. *См. structured exception handling.*

select — **1)** выбирать; **2)** команда SELECT. ♦ В языке Transact SQL — команда, используемая для выбора, проекции, объединения или запроса данных из базы данных Transact SQL. *См. selection 1.*

selection — **1)** выбор. ♦ Операция реляционной алгебры, выбирающая из таблицы подмножество записей, удовлетворяющих заданному условию; **2)** выделение. ♦ Выделение выбранного фрагмента текста или изображения на экране; **3)** выбранный фрагмент текста, изображения, пункт меню, опция.

selection statement — оператор выбора. ♦ Оператор, позволяющий выборочно исполнять участки кода, в языках C и C++ — операторы IF и SWITCH.

semantics — семантика. ♦ Отношения между словами или символами и придаваемыми им значениями или правила, регулирующие эти отношения.

semaphore — семафор, флаг. ♦ Логическая переменная, используемая для синхронизации параллельных процессов, совместно использующих ресурсы системы.

separator — **1)** разделитель. ♦ Ключевое слово, знак, пробел, разделяющий составные части имени, числа, группы полей; **2)** разделитель. ♦ В Windows — особый тип пунктов меню, имеющий вид горизонтальной линии, использующийся во всплывающих меню для разделения меню на группы взаимосвязанных пунктов; **3)** или separator code, разделитель или разделительный код. ♦ Значение кода Unicode, обозначающее разрыв линии (0x2028) или конец параграфа (0x2029).

SEPP — защищенная обработка электронных платежей. *См. secure electronic payments process.*

sequential file — последовательный файл. ♦ В языке SQL — файл, записи в котором следуют в том порядке, в котором они были занесены в файл.

sequential packet exchange — или SPX, протокол SPX. ♦ Транспортный протокол, обеспечивающий маршрутизацию и гарантированную доставку пакетов, часть стека протоколов IPX/SPX.

serial line Internet protocol — или SLIP, протокол последовательного подключения к сети Интернет. ♦ Протокол подключения к сети Интернет через коммутируемую линию, например с помощью модема.

serial port — последовательный порт. ♦ Порт для подключения внешних устройств к компьютеру, через который данные передаются последовательно, бит за битом.

serial transport layer — последовательный транспортный уровень. ♦ Канал передачи данных, установленный между последовательными портами двух компьютеров.

serialization — или object persistence, преобразование в последовательную форму или обеспечение постоянства объекта. ♦ Способ сохранения объекта, запись текущего состояния объекта (запись величин членов объекта) в файл на диске. Позднее объект может быть воссоздан путем считывания состояния объекта из файла, где хранятся величины членов объекта.

serif — дополнительный элемент шрифта. ♦ Короткие линии или орнамент в конце штрихов, составляющих знаки шрифта.

server — **1)** сервер, специализированная станция, спецпроцессор. ♦ В компьютерной сети — компьютер, предоставляющий те или иные ресурсы другим компьютерам сети. *См. host computer 3;* **2)** сервер, приложение или процесс, обслуживающий приложение-клиент. *См. client/server.*

server application — **1)** приложение-сервер. *См. server 2;* **2)** приложение-сервер. ♦ В технологии OLE — приложение, которое может создавать элементы связи и внедрения объектов для использования их несущим приложением.

server document — документ сервера. ♦ В технологии OLE — документ, созданный приложением-сервером.

server item — элемент сервера. ♦ В технологии OLE — созданный приложением-сервером объект, который представляет собой интерфейс между приложением-сервером и элементом связи и внедрения объектов.

server message block — или SMB, блок сообщений сервера, протокол SMB. ♦ Протокол совместного использования файлов, используемый сетевыми операционными системами Microsoft (LAN Manager, Windows для рабочих групп, Windows NT, Windows 95) для работы с локальными сетями.

server/requester programming interface — или SRPI, программный интерфейс клиента-сервера. ♦ Интерфейс сетей архитектуры SNA, позволяющий приложениям для персональных компьютеров запрашивать услуги больших ЭВМ IBM.

service — **1)** служба; **2)** обслуживание, обслуживать, производить осмотр и текущий ремонт (аппаратного обеспечения); **3)** работа, эксплуатация.

service provider interface — или SPI, интерфейс сетевого оператора. ♦ Программный интерфейс, используемый операционной системой Windows для доступа к сетевым службам, для подключения, просмотра и отключения от сети.

session — **1)** сеанс. ♦ Время работы пользователя с системой от момента входа пользователя в систему до момента выхода; **2)** сеанс, сетевое соединение, время, в течение которого существует соединение между двумя компьютерами, узлами сети, или само это соединение.

session layer — сеансовый уровень. ♦ Уровень модели OSI, уровень протоколов, определяющих порядок установления соединений в сети, включая пароли, контроль за состоянием соединений, отчетность.

SET — защищенные электронные транзакции. *См. secure electronic transactions.*

SGML — стандартный обобщенный язык описания. *См. standard generalized mark-up language.*

shadow ROM — теневое ПЗУ, дублирующее ПЗУ. ♦ Часть 32-битного ОЗУ, в которую отображены процессы, происходящие в базовой системе ввода-вывода ПЗУ (ROM BIOS).

shared directory — каталог общего пользования. ♦ Каталог, к которому могут подключаться несколько пользователей сети.

shared library — совместно используемая библиотека. ♦ Библиотека, которая может быть использована несколькими программами.

shared lock — замок, допускающий совместное использование, совместный замок. ♦ В языке SQL — замок, устанавливаемый операциями, не связанными с изменением записей, например операцией чтения. Такой замок допускает одновременное чтение записи несколькими пользователями, но предотвращает установление какой-либо транзакцией монопольного замка на время действия совместного замка.

shared resource — совместно используемый ресурс. ♦ Ресурс, доступный для использования многими пользователями.

sharing mode — режим совместного использования. ♦ Режим открытия файла, который определяет, какие операции (чтения или записи) будут разрешены при совместном использовании файла.

sharing violation — нарушение режима совместного использования. ♦ Ошибка, которая случается при попытке доступа к файлу со стороны некоторого процесса после того, как сервер заблокировал доступ к этому файлу по запросу другого процесса.

shell — оболочка. ♦ Программное обеспечение, чаще всего самостоятельная программа, которая обеспечивает взаимодействие пользователя с операционной системой, например Windows Explorer представляет собой оболочку для взаимодействия с ядром операционной системы Windows.

Shiva — торговая марка Shiva Microsystems Corporation. ♦ Семейство программных продуктов, обеспечивающих доступ к удаленным серверам, таким как LanRover, NetModem, по коммутируемым телефонным линиям.

Shiva password authentication protocol — или SPAP, протокол аутентификации Shiva. ♦ Протокол, определяющий порядок доступа, шифрование пароля, аутентификацию пользователей при доступе к удаленным серверам с использованием программного обеспечения Shiva.

shielded twisted pair — экранированная витая пара. ♦ Тип кабеля, применяемого в локальных сетях.

Shift+F1 Help — Справка Windows. ♦ Зависящая от контекста справка, вызываемая одновременным нажатием клавиш Shift и F1.

short integer — короткое целое. ♦ Формат записи целых чисел, требующий меньше места для хранения в памяти, чем целое число; в стандарте ANSI короткое целое — число, не длиннее, чем целое; в 32-битном Visual C++ короткое целое представляет собой 16-битное целое число.

short cut key — клавиша быстрого доступа. *См. accelerator key.*

short cut menu — меню быстрого доступа. ♦ Меню, расположенное в пределах окна и предоставляющее быстрый доступ к часто используемым командам, которые доступны также на основной строке меню.

show state — состояние окна, набор характеристик, определяющих состояние окна в данный момент (активное-неактивное, скрытое или видимое, сокращенное, восстановленное и т.д.).

sibling — окно из группы дочерних окон. ♦ Дочернее окно, имеющее то же родительское окно, что и несколько других окон.

sibling window — окно из группы дочерних окон. *См. sibling.*

SID — идентификатор доступа. *См. security identifier.*

side effect — побочный эффект. ♦ Изменение состояния, отличное от ожидаемого, вызванное исполнением программы, вызовом функции или исполнением задачи.

signal quality error test — или SQE test, тест качества сигнала. ♦ Процедура проверки работы приемопередатчика (трансивера), закрепленная в стандарте IEEE 802.1.

signature — **1)** подпись. ♦ Последовательность данных, служащая для идентификации, такая как идентификатор, присоединенный к сообщению электронной почты или факсимильному сообщению; **2)** идентификатор метафайла. ♦ В 32-битной Windows — 4-битная величина, служащая для идентификации усовершенствованного метафайла.

signed integer — целое число со знаком. ♦ Целое число, которое может быть или положительным, или отрицательным; целое число, содержащее знаковый разряд (1 для отрицательных чисел, 0 — для положительных).

simple mail transfer protocol — или SMTP, простой протокол пересылки почты. ♦ Протокол, обеспечивающий работу электронной почты сети Интернет, работающий на базе протокола TCP/IP.

simple network management protocol — или SNMP, простой протокол управления сетями. ♦ Протокол, определяющий порядок запроса, формирования пакетов и передачи информации управления в сети.

single document interface — или SDI, интерфейс одного документа. ♦ Архитектура интерфейса пользователя, позволяющая работать только с одним документом данного приложения в данный момент времени.

single mode fiber — однорежимный оптический кабель. ♦ Оптоволоконный кабель, используемый для передачи данных на большие расстояния и с большой скоростью, например для междугородних телефонных линий.

single-byte character set — однобайтовый знаковый набор. ♦ Знаковый набор, в котором каждому знаку соответствует некоторое числовое значение длиной в один байт, код ANSI представляет собой пример однобайтового знакового набора. *См. mulibyte character set.*

single-line edit control — однострочное окно редактирования. ♦ Элемент интерфейса пользователя Windows, окно, дающее пользователю возможность вводить и редактировать одну строку текста.

site licensing — лицензирование по числу рабочих мест. ♦ Вид лицензирования, разрешающего использовать программное обеспечение на определенном количестве рабочих мест.

size box — окно размера. ♦ Небольшой прямоугольник, с помощью которого пользователь может изменять размеры окна.

sizing border — подвижная граница окна. ♦ Тип границы, позволяющий изменять размеры окна, щелкнув клавишей мыши и перетащив эту границу в новое положение.

sizing handles — раздвижная рамка с точками изменения размера. ♦ Средства для изменения размера битового массива или элемента управления, используемые при разработке графического интерфейса пользователя для приложения. Щелкнув мышью на объекте, разработчик активизирует контур с точками (маленькими квадратиками) вокруг объекта. Используя точки изменения размера и технику «перетащить и отпустить» (drag-and-drop) можно изменять размер объекта по одной или нескольким осям.

skeleton application — или starter application, скелет приложения, план приложения. ♦ Основа приложения, создаваемая программой — мастером приложений AppWizard, к которой разработчик добавляет затем необходимый код.

slider control — окно с ползунком. ♦ Окно со скользящей кнопкой — «ползунком», которую можно перемещать с помощью мыши или клавиш управления курсором «стрелка вверх» и «стрелка вниз».

SLIP — протокол последовательного подключения к сети Интернет. *См. serial line Internet protocol.*

small computer systems interface — или SCSI, интерфейс малых компьютерных систем. ♦ Интерфейс, позволяющий подключить дополнительные дисководы или другое периферийное оборудование к персональному компьютеру.

small memory model — малая модель памяти. ♦ Модель памяти только с одним сегментом команд и одним сегментом данных.

smart pointer — специальный указатель. ♦ В языке C++ — указатель, выполняющий некоторые дополнительные функции (чаще всего — функции разыменования), когда доступ к объекту обеспечивается через него.

SMB — блок сообщений сервера, протокол SMB. *См. server message block.*

SMDR — детальный отчет о сообщениях станции. *См. station message detail reporting.*

SMF-PMD — или single mode fiber physical layer medium dependent (part of FDDI), сеть протокола FDDI, использующая однорежимный оптический кабель. *См. FDDI, single mode fiber.*

SMP — симметричная многопроцессорная обработка. *См. symmetrical multiprocessing.*

SMPTE — или Society of Motion Picture and Television Engineers, Общество инженеров кино и телевидения.

SMPTE time code — временной код SMPTE. ♦ 80-битный формат временного кода, стандартизированный SMPTE. *См. time code.*

SMTP — простой протокол пересылки почты. *См. simple mail transfer protocol.*

SMTP server — сервер электронной почты или сервер SMTP. *См. MailSrv.*

SNA — архитектура сети системы SNA, архитектура SNA, сетевой протокол SNA. *См. system network architecture.*

snapshot — 1) моментальный снимок. ♦ Копия состояния объекта в данный момент времени; 2) моментальный снимок. ♦ В библиотеке MFC — набор записей, содержащий статическую картину состояния данных в момент, когда был создан моментальный снимок; 3) или screen dump, моментальный, выборочный снимок экрана, выборочный динамический дамп. ♦ Копия всего экрана или части экрана в данный момент времени.

sniffer — монитор. ♦ Сетевое устройство, осуществляющее контроль за пакетами, передаваемыми в сети.

SNMP — простой протокол управления сетями. *См. simple network management protocol.*

SOA — приоритетная запись. *См. start of authority.*

socket — двунаправленный канал для обмена данными между компьютерами в сети, тип данных, впервые определенный в интерфейсе прикладных программ Berkeley Sockets, разработанном в университете штата Калифорния. *См. pipe, Windows Sockets.*

software development kit — или SDK, комплекс инструментальных средств разработки программ.

solid brush — одноцветная кисть. ♦ Шаблон для закрашивания графических объектов, битовый массив, состоящий из 64 элементов изображения одного цвета.

SOM — модель системных объектов. *См. system object model.*

SONET — или synchronous optical network, (протокол) синхронной оптической сети. ♦ Набор стандартов для последовательной передачи данных по сетям, использующим оптический кабель и режим асинхронной пересылки данных (ATM), разработанный компанией Bellcore.

sort order — порядок сортировки. ♦ Порядок, в котором должен быть отсортирован набор записей или других данных; также функция, определяющая этот порядок.

source character set — исходный набор знаков. ♦ Набор знаков, разрешенных для употребления в исходных файлах. Для языков Microsoft C и C++ исходный набор знаков — стандартный код ASCII.

source code — исходный код. ♦ Доступный для чтения набор операторов, написанный на языке программирования высокого уровня или языке ассемблера.

source code editor — редактор исходного кода. ♦ Текстовый редактор со специальными форматирующими свойствами, позволяющий создать читаемый, синтаксически правильный исходный код.

spanning tree — название алгоритма определения направления передачи данных через мосты, соединяющие локальные сети, в состав которых может входить несколько мостов; термин используется в стандарте IEEE 802.1.

SPAP — протокол аутентификации Shiva. *См. Shiva password authentication protocol.*

spawn — **1)** порождать, создавать дочерний процесс; **2)** — функции воспроизводства. ♦ Семейство библиотечных функций языка С, создающих и исполняющих новые дочерние процессы.

SPI — интерфейс сетевого оператора. *См. service provider interface.*

split — дробление, разделение. ♦ Разделение окна на подокна. *См. split bar, pane.*

split bar — линия разбиения. ♦ Вертикальная или горизонтальная линия, разделяющая основное окно на подокна, панели.

splitter — делитель. ♦ Устройство в сети, разделяющее сигнал на два разных сигнала, направляющиеся по двум разным маршрутам.

spline — сплайн. ♦ В компьютерной графике — рассчитанная на основе математической функции кривая, плавно соединяющая отдельные точки.

split seeks — раздельный подвод головок чтения-записи. ♦ Проверка, выполняемая в системах с двойными дисками для определения наиболее «быстрого» диска, диска, отличающегося более быстрым подводом и установкой головок.

spooler — программа буферизации. ♦ Программа, перехватывающая данные, направляемые к драйверу устройства, и записывающая их в буфер, чтобы позднее передать драйверу устройства, например драйверу принтера для печати, когда он освободится.

SPX — протокол SPX. *См. sequential packet exchange.*

SQE test — тест качества сигнала. *См. signal quality error test.*

SQL — язык структурированных запросов. *См. structured query language.*

SQL Access Group — или SAG, название консорциума компаний — продавцов программного обеспечения. ♦ Консорциум ставит своей целью внедрение стандартов доступа к удаленным базам данных (RDO) и разработку протоколов для взаимодействия между различными приложениями на основе языка структурированных запросов SQL.

SRPI — программный интерфейс «клиент/сервер». *См. server/requester programming interface.*

SSCP — системная контрольная точка. *См. system services control point.*

SSL — уровень управления доступом к данным, уровень защищенных каналов. *См. secure sockets layer.*

stack — 1) стек. ♦ Структура данных, организованная по принципу «последним вошел — первым вышел»; 2) стек. ♦ Область памяти, организованная как стек, в которой программы временно хранят данные состояния, такие как адреса возврата вызовов процедур и функций, переданные параметры, локальные переменные.

stack allocation — распределение памяти в стеке. ♦ Количество памяти в байтах, выделенное для хранения данных состояния программы, таких как адреса возврата вызовов процедур и функций, переданных параметров, локальных переменных.

stack frame — или frame allocation, запись активизации, выделение памяти при активизации. ♦ Область памяти, выделяемая при вызове функции для временного хранения аргументов функции и переменных, определенных как локальные переменные функции.

stack overflow — переполнение стека. ♦ Ошибка, возникающая вследствие попытки внести новый элемент в заполненный стек.

stack probe — проверка стека. ♦ Короткая программа, вызываемая при обращении к функции, которая проверяет, достаточно ли памяти в стеке для размещения локальных переменных этой функции.

stack size — размер стека. ♦ Объем памяти, выделенной для стека, в байтах.

stack underflow — выход за нижнюю границу стека. ♦ Ошибка, возникающая вследствие попытки вызвать из стека элемент, когда стек уже пуст.

stale data — устаревшие данные. ♦ Устаревшие или несовпадающие с исходными данные в кэш-памяти. *См. fresh data, object modification checking.*

stand-alone program — автономная программа. ♦ Программа, имеющая достаточно средств для самостоятельного решения определенного круга задач, например программа обработки текстов или работы с электронными таблицами.

stand-alone system — автономная система. ♦ Компьютерная система, работающая самостоятельно, не под управлением другого компьютера или системы, и имеющая все необходимое для пользователя программное и аппаратное обеспечение.

standard control — стандартное окно управления. ♦ В Windows — окно управления, содержащее кнопки нескольких видов, статическую или редактируемую строку текста, полосу прокрутки, список, комбинированный список.

standard conversion — стандартное преобразование. ♦ В языке С++ — преобразование объектов одного фундаментального типа (например, целого) в другой тип (например, короткое целое).

standard error device — стандартное устройство для вывода ошибок. ♦ Устройство, на которое программа посылает сообщения об ошибках; обычно в качестве стандартного устройства для вывода ошибок используется монитор.

standard generalized mark-up language — или SGML, стандартный обобщенный язык описания. ♦ Набор правил и маркеров для описания структуры и содержания документов независимо от способа представления документа (на экране, на печати). На основе стандартного обобщенного языка описания SGML разработан язык описания гипертекста HTML.

standard input device — стандартное устройство ввода. ♦ Устройство, с которого программа получает входные данные, обычно клавиатура.

standard input/output (I/O) — стандартный ввод-вывод. ♦ В языке С — входные и выходные функции, описанные в файле заголовка STDIO.H.

standard output device — стандартное выходное устройство. ♦ Устройство, на которое программа отправляет выходные данные. Обычно в качестве стандартного выходного устройства используется монитор.

standard proxy protocol — стандартный протокол прокси-сервера. *См. CERN proxy protocol.*

standard resource — стандартный ресурс. ♦ В Windows — ресурс, формат которого определен в Windows и опознается Windows. Стандартные ресурсы включают в себя значки, курсоры, меню, диалоговые окна, битовые массивы, шрифты и т.д.

standard scroll bar — стандартная полоса прокрутки. ♦ Полоса прокрутки, расположенная в нерабочей области окна и предназначенная только для перемещения изображения на экране.

standby uninterruptible power supply — или SUPS, резервный источник непрерывного электропитания. ♦ Резервный источник питания, который включается только в случае отключения основного источника электропитания. *См. uninterruptible power supply.*

star — звезда. ♦ Топология локальной сети, напоминающая звезду, в которой все компьютеры сети соединены с центральным компьютером — центром звезды.

start of authority — или SOA, приоритетная запись. ♦ Самая первая запись в базе данных службы DNS, указывающая имя и IP-адрес компьютера, который содержит файл базы данных. *См. DNS database.*

start page — стартовая страница. ♦ Страница, которую пользователь видит первой при посещении Web-узла.

starter application — план приложения. *См. skeleton application, starter files.*

starter files — стартовые файлы. ♦ Наборы файлов на языке Visual C++, создаваемые программой — мастером приложений AppWizard и составляющие после компиляции скелет приложения к Windows. *См. skeleton application.*

startup code — код запуска. ♦ Часть кода программы, которая обеспечивает запуск, то есть интерпретирует аргументы командных строк, создает и инициализирует глобальные переменные, начинает стандартные процедуры и т.д.

static control — статический элемент управления. ♦ Элемент управления, который используется приложением для представления некоторых видов текста или графики, элемент управления, не воспринимающий команды от пользователя. Статические элементы управления часто используются для присвоения меток другим элементам управления или выделения группы элементов управления.

static cursor — статический курсор. ♦ Курсор ODBC, который содержит статическую картину состояния данных в момент открытия курсора. Изменения, вносимые другими пользователями, не воспринимаются статическим курсором до тех пор, пока интерфейс ODBC не будет закрыт и снова открыт.

static data — статические данные. ♦ В языках С и С++ — тип данных, в описании которых употребляется ключевое слово static. *См. static extent.*

static data member — статический элемент данных. ♦ Элемент данных, описанный в пределах видимости класса, но который на самом деле представляет собой отдельный объект.

static buffer — статический буфер. *См. statically allocated buffer.*

static extent — статическая величина. ♦ Общее описание глобальных объектов (и статических, и внешних), локальных статических объектов и статических элементов данных классов языка С++, удовлетворяющих следующим условиям: 1) для всех объектов создается и хранится только одна копия данных и 2) объекты хранятся в памяти с момента, когда они созданы, до момента, когда они уничтожены.

static link — статическая связь. ♦ Связь с библиотекой или объектом, установленная во время компоновки.

static mapping — статическое соответствие. ♦ Метод, с помощью которого сервер WINS назначает статические (неизменные) адреса протокола Интернета для каждого пользователя.

static member function — функция — статический член. ♦ В языке С++ — функция — член класса, определенная как статический член в описании класса.

static page — статическая страница. ♦ Страница HTML, подготовленная заранее и высылаемая клиенту по запросу. Статическая страница может содержать текст, графику или каналы-соединения к другим статическим страницам.

static routing — статическая маршрутизация. ♦ В локальных сетях — маршрутизация на основе фиксированных таблиц, в отличие от маршрутизации на основе динамически обновляемых таблиц.

static splitted window — статическое расщепленное окно. ♦ Расщепленное окно, части которого создаются при создании окна, порядок следования и количество частей не изменяется за время существования окна. Пользователь может изменять только относительные размеры частей окна, перетаскивая с помощью мыши разделительную полосу.

static storage class — статический класс памяти. ♦ В C++ — класс памяти, предназначенный для объектов и переменных, существующих и сохраняющих свое значение в течение исполнения всей программы.

static-link library — библиотека статической компоновки. ♦ Библиотечный файл, который подсоединяется к программе во время создания исполняемого файла. Файлы библиотеки статической компоновки обычно имеют расширение LIB.

statically allocated buffer — или static buffer, статический буфер, статически выделенный буфер. ♦ Область памяти, которая выделяется для модуля при загрузке. Когда модуль удаляется из памяти, выделенная для него память освобождается для дальнейшего использования.

station message detail reporting — или SMDR, детальный отчет о сообщениях станции. ♦ Тип отчета, используемого на телефонных станциях для компьютерного анализа нагрузки.

status bar — строка состояния. ♦ Строка управления, расположенная внизу окна и содержащая ряд тестовых окон или индикаторов состояния.

status code — код состояния. ♦ Величина, используемая для указания текущего состояния объекта, события, процесса или отражающая исход операции.

storage duration — длительность хранения в памяти. *См. storage class.*

storage class — или storage duration, класс памяти или длительность хранения. ♦ Термин языков C и C++, определяющий условия хранения переменной (в C++ — объекта) в памяти. *См. static storage class, automatic storage class.*

storage object — объект хранения. ♦ Тип объекта, используемый в технологии OLE для реализации составных файлов. Объекты хранения могут содержать другие объекты хранения (аналогично каталогам) или потоковые объекты, аналогичные файлам. *См. stream object.*

stored procedure — или predefined query, предопределенный запрос или хранимая процедура. ♦ В языке SQL — набор, состоящий из одного или более операторов языка структурированных запросов, хранящийся в источнике данных, который при необходимости может быть исполнен из приложения.

stream file object — объект абстрактного последовательного файла. ♦ Виртуальный файл, представляющий на диске данные, связанные с физическим файлом.

stream I/O — или iostream, поток ввода-вывода. ♦ Входные и выходные функции, определенные в файле IOSTREAM.H, пересылающие данные из файлов (от устройств) или к файлам (к устройствам). Потоковые функции ввода-вывода воспринимают данные как поток отдельных знаков и позволяют записывать данные потока в буфер.

stream object — потоковый объект. ♦ Тип объекта, используемый в технологии OLE для реализации составных файлов. Потоковые объекты могут хранить данные любых типов.

stream socket — потоковый канал типа socket. ♦ Канал, обеспечивающий двунаправленный, последовательный поток данных, не ограниченных форматом записи. Потоковые каналы применяются, например, для реализации протокола FTP, обеспечивая передачу больших объемов кода ASCII или двоичных файлов. *См. socket, datagram socket.*

streaming — передача потока данных. ♦ Процесс передачи информации от места хранения (жесткого диска или ПЗУ на компакт-диске) к драйверу устройства.

Street Talk — служба Street Talk. ♦ Название распределенной базы данных, выполняющей функции службы присвоения имен узлам сети в локальных сетях Vines.

strikeout — зачеркивание, подчеркивание. ♦ Эффект, используемый в шрифтах, который добавляет горизонтальную черту к одному или нескольким знакам.

string — строка. ♦ Структура данных, состоящая из последовательности знаков (литер), рассматриваемая как отдельный элемент данных.

string constant — строковая константа. ♦ В языках C, C++ и Java — список символов, заключенный в кавычки, в исходном коде.

string identifier (ID) — идентификатор строки. ♦ 16-битный идентификатор, который Windows использует для поиска строки в таблице строк. *См. string table.*

string literal — или literal string, string constant, текстовая строка, строковая константа. *См. string constant.*

string name — строковый идентификатор. ♦ Идентификатор класса, версии, ресурса в виде доступной для чтения текстовой строки.

string resources — ресурс строк. ♦ В 32-битном Windows — строки кода Unicode, хранимые в таблице строк файла ресурсов.

string table — **1)** таблица строк. ♦ Структура данных, используемая для хранения текстовых строк, обычно организованная в виде хеш-таблицы; **2)** таблица строк. ♦ Ресурс Windows, содержащий список идентификаторов, величин и заголовков строк, используемых в приложении, например сообщения-подсказки строки состояния.

string terminator — указатель конца строки. *См. null terminator.*

structure — **1)** структура; **2)** структура. ♦ В языке С — составной тип данных, содержащий константы, переменные и другие структуры. В С++ структура может содержать также функции; все элементы структуры являются общедоступными.

structured exception handling — или SEH, структурированная обработка ошибок. ♦ Метод обработки ошибок, особых ситуаций, порождённых программными и аппаратными компонентами системы.

structured query language — или SQL, язык структурированных запросов. ♦ Язык, позволяющий создавать запросы к реляционным базам данных, обновлять эти базы данных и управлять ими.

structured storage — структурированная память. ♦ Модель технологии OLE, позволяющая объектам управлять хранением данных, загружать данные непосредственно с диска и сохранять их на диск.

STT — технология защищённых транзакций. *См. secure transaction technology.*

stub — **1)** «заглушка», фиктивный модуль программы. ♦ Модуль, не содержащий исполняемого кода; **2)** остаток тела (подпрограммы или модуля).

stub file — или stub program, программа-«заглушка». ♦ В Windows — исполняемый файл MS-DOS, добавленный к началу исполняемого файла Windows и активизируемый, когда пользователь исполняет программу Windows с командной строки MS-DOS. Файл-«заглушка» может выводить на экран сообщение об ошибке типа «This program cannot be run in DOS mode».

style — стиль. ♦ Величина или набор величин, определяющие внешний вид и поведение объекта, такого как окно, орган управления, документ.

style bit — бит стиля. ♦ Отдельный бит 16-битного параметра стиля, определяющий одно из свойств объекта. Например, бит стиля WS_VISIBLE определяет, видим или невидим для пользователя данный объект.

subaddress — подадрес. ♦ Часть унифицированного определителя адреса ресурса (URL), указывающая на конкретное место в файле, определенное закладкой, положением скользящей кнопки на полосе прокрутки и т.п.

subclass — или derived class, подкласс или производный класс. *См. derived class.*

subclassing — подчинение окна. ♦ В программировании для Windows — метод, позволяющий приложению перехватывать и обрабатывать сообщения, посылаемые определенному окну до того, как это окно сможет само приступить к обработке данных сообщений. Подчинение окна позволяет приложению расширять, изменять или контролировать функции окна.

subexpression — подвыражение. ♦ Выражение, являющееся частью другого, большего выражения.

sublanguage — или secondary language, вариант языка. ♦ Один из местных вариантов основного языка, такой, например, как американский или британский варианты английского языка.

subnet mask — маска подсети. ♦ 32-битный параметр конфигурации протокола TCP/IP. Этот параметр позволяет получателю пакетов протокола Интернет отличить часть адреса, относящуюся к Интернет, от части адреса, относящейся к локальной сети.

subobject — **1)** подобъект, объект внутри объекта. ♦ Например, ячейка электронной таблицы — подобъект электронной таблицы (объекта); **2)** подобъект. ♦ Часть объекта Windows, которая полностью описана в основном классе.

subquery — подзапрос. ♦ В языке SQL — оператор SELECT, который вложен в другой оператор SELECT, операторы UPDATE, DELETE или другой подзапрос.

subsampling — дискретизация с большим интервалом. ♦ Метод, позволяющий уменьшить объем цифровой информации, используемой для представления образа, аналогового сигнала, часть процесса уплотнения.

subscript — **1)** субиндекс, нижний индекс, подстрочный индекс. ♦ Один или несколько знаков, печатаемых или изображаемых на экране немного ниже знаков окружающего текста. *См. index 3;* **2)** индекс. ♦ Величина, заключенная в квадратные скобки [ ], которая указывает количество элементов массива в описании массива. *См. index 2.*

subscript ([ ]) operator — оператор индексации. ♦ Оператор, указывающий на то, что предшествующее ему имя есть имя массива, и назначающий индекс для элементов данного массива.

subset of entity — подмножество сущностей или объектов. ♦ В реляционных базах данных — набор экземпляров сущности или объекта, участвующих в отношении или обладающих атрибутами, которые не являются общими для данной сущности в целом.

substring — подстрока. ♦ Строка, являющаяся частью более длинной строки.

subsystem — **1)** управляемая система. ♦ Система, отличная от основной системы и занимающая обычно подчиненное положение, система, имеющая собственное распределение памяти и внутренние функции; **2)** подсистема. ♦ Компонент системы, часть системы.

superserver — суперсервер. ♦ Компьютер в локальной сети, оптимизированный для использования в качестве файлового сервера; обычно такой компьютер имеет несколько микропроцессоров.

SUPS — резервный источник непрерывного электропитания. *См. standby uninterruptible power supply.*

swap file — или paging file, файл подкачки, файл замещения страниц. ♦ В Windows — файл на диске, содержащий активные страницы памяти системы и приложения, не находящиеся в данный момент в ОЗУ. *См. virtual memory.*

Switched Ethernet — коммутируемая сеть Ethernet. ♦ Название локальной сети, использующей протокол Ethernet и исполняющей роль быстродействующего многопортового моста для других локальных сетей или станций протокола Ethernet.

switching hub — коммутируемый концентратор. ♦ Концентратор в центре локальной сети, имеющей конфигурацию звезды, обеспечивающий выделение отдельного канала передачи данных для каждого пользователя.

Switched FDDI — коммутируемая сеть FDDI. ♦ Название локальной сети, использующей протокол FDDI и исполняющей роль быстродействующего многопортового моста для других локальных сетей или станций протокола FDDI.

symbol — **1)** символ, знак. ♦ Специальный символ, обычно отличающийся от стандартных цифровых и буквенных знаков, алгебраический, научный, лингвистический символ, отсутствующий на клавиатуре; **2)** идентификатор. ♦ В программировании — имя, представляющее регистр, абсолютное значение или адрес в памяти (относительный или абсолютный); **3)** идентификатор. ♦ Для компилятора — переменная, имя функции и т.п.

symbolic constant — буквенная константа, символьная константа. *См. manifest constant.*

symbolic-debugging information — символическая отладочная информация. ♦ Карта исходного кода и всех идентификаторов (переменных, имен функций и т.д.), созданная во время компиляции и предназначенная для программы-отладчика.

symmetrical compression — симметричное уплотнение. ♦ Алгоритм уплотнения, требующий одинакового объема оперативной памяти для уплотнения и разуплотнения, применяется в приложениях, где часто используются уплотнение и разуплотнение.

symmetrical multiprocessing — или SMP, симметричная многопроцессорная обработка. ♦ Режим работы операционной системы, при котором код операционной системы исполняется на любом свободном микропроцессоре системы (в компьютерах с более чем одним микропроцессором).

synchronization object — объект синхронизации. ♦ Объект, определитель которого может быть определен в одной из функций ожидания так, чтобы обеспечить синхронизацию выполнения параллельно исполняемых процессов.

synchronous data link control — или SDLC, протокол управления каналом синхронной передачи данных. ♦ Подраздел протокола управления каналами передачи данных высокого уровня HDLC, используемого компьютерами IBM в сетях архитектуры SNA.

synchronous digital hierarchy — или SDH, синхронная цифровая иерархическая сеть. ♦ Набор стандартов для сетей, использующих стекловолоконный кабель и режим ATM, утвержден в качестве стандарта ITU-T. Набор стандартов SDH имеет много общего со стандартами SONET, но используется за пределами Северной Америки. *См. SONET.*

Synchronous Ethernet — синхронный Ethernet. *См. 10Base FB.*

synchronous operation — **1)** синхронный режим работы. ♦ Режим, при котором система работает под управлением синхронизирующего устройства, такого как часы; **2)** синхронная операция. ♦ В программировании для Windows — задача, которая требует приостановки всякой другой деятельности процесса, вызвавшего эту задачу, до окончания выполнения задачи. *См. asynchronous operation 2.*

synchronous processing — синхронная обработка. ♦ В ODBC — метод обработки транзакций, в котором драйвер базы данных не передает управление приложению до того, как будет завершено обращение к функции. *См. asynchronous processing.*

synchronous transmission — синхронная передача. ♦ Режим передачи данных, при котором информация в битовой или пакетной форме передается с фиксированной частотой, передатчик и приемник используют одни и те же сигналы для синхронизации.

syntax — синтаксис. ♦ Грамматика языка программирования, правила, определяющие структуру и содержание операторов языка.

system administrator — системный администратор, администратор системы. ♦ Лицо, ответственное за планирование, разработку, установку и успешную эксплуатацию локальной сети.

system databases — системные базы данных. ♦ В языке SQL — три базы данных сервера SQL: главная база данных, управляющая базами данных пользователей и работой сервера SQL, база данных временных таблиц tempdb, применяемая для хранения временных таблиц, и модельная база данных, используемая в качестве шаблона для создания новых баз данных пользователей. *См. master dababase, model database, tempdb database.*

system font — системный шрифт. ♦ Шрифт, используемый системой для сообщений, выводимых на экран, системный шрифт используется по умолчанию всеми ресурсами системы.

system modal dialog box — или system modal message box, system modal window, системное модальное диалоговое окно, окно системных сообщений, системное модальное окно. ♦ В Windows — диалоговое окно, содержащее системное сообщение, окно, появление которого на экране препятствует выполнению любых действий пользователя до тех пор, пока окно не будет закрыто, обычно с помощью кнопок OK или Отмена (Cancel).

system modal message box — окно системных сообщений. *См. system modal dialog box.*

system modal window — системное модальное окно. *См. system modal dialog box.*

system network architecture — или SNA, архитектура сети системы SNA, архитектура SNA, сетевой протокол SNA. ♦ Разработанный компанией IBM набор стандартов, определяющих архитектуру сети распределенной обработки данных, архитектура используется и мини-компьютерами IBM, и большими компьютерами IBM.

system object model — или SOM, модель системных объектов. ♦ Разработанная IBM объектная модель.

system palette — системная палитра. ♦ Представление физической палитры устройства. Системная палитра содержит значения модели RGB для всех цветов, которые могут быть выведены на экран.

system procedures — системные процедуры. ♦ В сервере SQL — специальные процедуры, служащие для извлечения информации из системных таблиц, участвующие в управлении базами данных и решении других задач, выполнение которых требует обновления системных таблиц.

system registration database — системная регистрационная база данных. *См. registry.*

system services control point — или SSCP, системная контрольная точка. ♦ В сетях архитектуры SNA — сетевой администратор домена SNA.

system time — системное время. ♦ Текущее значение времени на часах «реального времени» системы. Структура системного времени содержит значения года, месяца, дня, часа, минуты, секунды и миллисекунды.

SISTEM.INI file — файл SISTEM.INI, файл инициализации системы. ♦ Файл, содержащий значения параметров, необходимые для конфигурации операционной системы Windows 3.x. В целях совместимости присутствует в операционной системе Windows 95, хотя многие его параметры в ней не используются.

Systems Manager Server — или SMS Server, серверный программный продукт корпорации Microsoft, осуществляющий дистанционное управление ресурсами сети. SMS Server регистрирует присутствие компьютеров в сети, производит учет имеющегося у них аппаратного и программного обеспечения и загружает приложения на удаленный компьютер из центрального компьютера.

T

T1 connection — канал Т1. ♦ Канал передачи данных со скоростью 1,544 Мбит/с, позволяющий одновременно передавать 24 потока данных с временным уплотнением; разработанный компанией AT&T и повсеместно используемый в Северной Америке стандарт.

T2 connection — канал Т2. ♦ Канал передачи данных со скоростью 6,312 Мбит/с, позволяющий одновременно передавать 96 потоков данных с временным уплотнением; разработанный компанией AT&T и используемый в Северной Америке стандарт.

T3 connection — канал Т3. ♦ Канал передачи данных со скоростью 44,736 Мбит/с, позволяющий одновременно передавать 672 потока данных с временным уплотнением по коаксиальному или оптическому кабелю; разработанный компанией AT&T и используемый в Северной Америке стандарт.

T4 connection — канал Т4. ♦ Канал передачи данных со скоростью 274,176 Мбит/с, позволяющий одновременно передавать 4032 потока данных с временным уплотнением по оптическому кабелю; разработанный компанией AT&T и используемый в Северной Америке стандарт.

tab order — порядок табуляции. ♦ Порядок, в котором фокус ввода передвигается от одного элемента управления в диалоговом окне к другому при нажатии клавиши табуляции (Tab) на клавиатуре. Обычный порядок табуляции для диалоговых окон — слева направо, а для групп зависимых окон — сверху вниз.

tab stop — позиция табуляции. ♦ Точка в строке текста или элемент управления в группе (в диалоговом окне, например), к которому пользователь может перейти, нажимая клавишу табуляции (Tab) на клавиатуре. *См. tab order.*

tab-delimited report — отчет со знаками табуляции в качестве разделителей. ♦ Файл, в котором элементы отделены друг от друга знаками табуляции.

table — таблица. ♦ Набор строк (записей) с соответствующими столбцами (полями). Таблица может быть объектом базы данных.

tag – 1) тэг. ♦ Признак, хранящийся вместе со словом в памяти; **2)** таг, признак, описатель. ♦ Текст в квадратных скобках, представляющий собой метку языка HTML. Программа просмотра сети Web выводит на экран текст и графические элементы, основываясь на описателях, которые использует автор. При этом сам описатель не выводится на экран.

tag file — тэг-файл. ♦ Конфигурационный файл, содержащий информацию о соответствующем файле, хранящемся на Gopher-сервере, или о соединениях с другими серверами. Эта информация передается клиенту в ответ на запрос службы Gopher.

tagged image file format — или TIFF, графический формат. ♦ Формат файлов битовых массивов, предназначенных для описания и хранения цветных или полутоновых изображений.

tail — «хвост», остаток. ♦ Последний элемент в связанном (скомпонованном) списке.

tailgaiting — несоблюдение дистанции. ♦ Явление в локальных сетях Ethernet, связанное с недостатками в дизайне интерфейсов Ethernet. Несоблюдение дистанции означает следование пакетов сообщений слишком близко друг за другом, что приводит к столкновениям или взаимным помехам.

TAPI — интерфейс прикладных программ для телефонии. *См. telephony application programming interface.*

target — **1)** адресат. ♦ Элемент данных или область, куда пересылается результат или где производится поиск; **2)** выходной, объектный, целевой.

target computer — выходной компьютер. ♦ При дистанционной отладке программы — компьютер, на котором исполняется отлаживаемое приложение. *См. remote machine.*

task handle — ссылка задачи. ♦ Одна из двух ссылок, которые Windows создает для каждой задачи, исполняемой в системе. Ссылка задачи представляет собой ссылку на базу данных задачи, содержащую информацию об очереди сообщений задачи, ссылке модуля и т.д.

TAXI — прозрачный асинхронный интерфейс приемопередатчика. *См. transparent asynchronous transmitter-receiver interface.*

TCP/IP — *см. transport control protocol/protocol Internet.*

TCP port number — номер порта в протоколе TCP. ♦ Уникальный идентификатор, который присваивается приложению или процессу, использующему протокол TCP в качестве транспортного протокола. Номер порта в протоколе TCP определяет соединение между приложениями-клиентами и приложениями-серверами. *См. port 2.*

TDI — интерфейс транспортных драйверов. *См. transport driver interface.*

teleconference — конференц-связь, телеконференция. ♦ Вид телефонной связи, позволяющий участвовать в разговоре более чем двум абонентам телефонной сети одновременно.

telephony application programming interface — или TAPI, интерфейс прикладных программ для телефонии. ♦ Набор специальных функций, являющийся частью интерфейса прикладного программирования Win32, позволяющий компьютеру непосредственно устанавливать связь с телефонной системой.

teletype network — сеть телетайпа. ♦ Протокол эмуляции терминала для дистанционного входа в систему в сети Интернет.

telnet (TELNET) — программа telnet (TELNET). ♦ Программа, использующая протокол Telnet. *См. Telnet, teletype network.*

Telnet — или VTP, или teletype network, протокол Telnet. ♦ Протокол эмуляции терминала для входа в систему удаленного компьютера, ранее известный под названием протокола виртуального терминала (VTP). Протокол определен в стандарте RFC 854. *См. teletype network.*

Telnet server — сервер Telnet. ♦ Сервер, предоставляющий услуги протокола Telnet, позволяющие удаленным пользователям входить в систему и исполнять программы в этой системе.

tempdb database — база данных временных таблиц. ♦ В сервере SQL — системная база данных, используемая для хранения временных таблиц.

template — **1)** шаблон. ♦ Трафарет объекта, содержащий информацию об основных применяемых по умолчанию свойствах объекта; **2)** template. ♦ В языке C++ — ключевое слово, разрешающее полиморфизм по отношению к различным типам данных, передавая тип данных в качестве параметра блоку кода.

template class — класс шаблона. ♦ В языке C++ — класс, экземпляр которого создается путем присвоения шаблону специального типа данных. При этом компилятор создает класс для обработки данных такого типа согласно спецификации шаблона.

temporary object — временный объект. ♦ Объект, который создается на время для каких-либо целей и разрушается одновременно с опорным объектом, с которым связан временный объект.

temporary window — временное окно. ♦ Окно, которое приложение создает для временного использования, например диалоговое окно, временно созданное для принятия вводимых пользователем данных.

terminal server — сервер терминалов. ♦ Сетевое устройство, позволяющее множеству терминалов подключаться к локальной сети и осуществлять дистанционный вход в локальную сеть.

terminate and stay resident — или TSR, резидентная программа, резидент.

termination — **1)** окончание, завершение, прекращение; **2)** оконечная нагрузка устройств связи, оконечная схема, оконечное устройство.

termination functions — функции аварийного окончания программы. ♦ Функции, вызываемые функциями — членами библиотеки основных классов Microsoft при возникновении фатальной ошибки.

termination handler — обработчик окончания программы. ♦ Механизм, обеспечивающий правильное окончание программы, то есть освобождение выделенной памяти, правильное закрытие всех ресурсов.

ternary — **1)** тернарный, троичный, с основанием 3; **2)** трехчленный.

ternary operator — трехчленный оператор. ♦ Оператор, который требует трех операндов, например оператор условия (? — :) в языках C/C++.

text box — текстовое окно. *См. edit control.*

text editor — текстовый редактор. ♦ Программа, позволяющая создавать, обрабатывать, редактировать и печатать текстовые файлы.

text file — текстовый файл. ♦ Файл, доступный для чтения, содержащий текст, составленный из букв, цифр и знаков препинания.

text mode — текстовый режим. ♦ Один из двух режимов операций ввода-вывода файла, определенных в функции открытия файла. В текстовом режиме во время операций ввода-вывода выполняется трансляция управляющих символов конца строки. *См. binary mode.*

text alignment flag — индикатор выравнивания текста. ♦ Индикатор, определяющий, как функции вывода текста расположат строки текста на экране или печатном носителе.

TFTP *см. trivial file transfer protocol.*

TGA — или Targa graphics adapter, формат TGA. ♦ Название широко используемого формата для хранения изображений в истинных цветах с очень высоким разрешением. Происходит от названия видеоплаты Targa.

ThickWire — или ThickWire Ethernet или IEEE 802.3 10Base 5, Ethernet с толстым кабелем. ♦ Название локальной сети протокола Ethernet, использующей двухжильный биаксиальный кабель, со скоростью передачи данных 10 Мбит/с. *См. 10Base 5.*

ThinWire — или ThinWire Ethernet или IEEE 802.3 10Base 2, Ethernet с тонким кабелем. ♦ Название локальной сети протокола Ethernet, использующей тонкий коаксиальный кабель, со скоростью передачи данных 10 Мбит/с. *См. 10Base 2.*

thread — нить, поток. ♦ Первичный объект процесса, для исполнения которого операционная система выделяет время ЦП.

thread local storage — или TLS, местная память нити. ♦ Механизм в Win32, позволяющий нескольким нитям процесса хранить данные, которые являются уникальными для этих нитей.

thread switch — переключение нитей. ♦ Смена контекста от одной нити к другой либо в пределах одного процесса, либо между процессами.

three-state check box — пометка включенности опции с тремя состояниями. ♦ Помета включенности опции, которая может находиться в одном из трех состояний: опция выбрана (помечена), не выбрана (не помечена) и не определена (бледная).

throw expression — выражение передачи (управления). ♦ В языке C++ — оператор, передающий управление программой к блоку захвата для обработки особой ситуации. *См. catch block, C++ exception handling.*

thumbnail representation — 1) эскизное представление. ♦ Сильно уменьшенная версия изображения, которая, однако, содержит достаточно деталей, чтобы изображение было еще узнаваемо. Мини-изображения часто используются в наборах-галереях, позволяющих пользователю просмотреть весь набор и выбрать нужное изображение; 2) или thumbnail view, эскизное представление. ♦ В технологии OLE — уменьшенное изображение документа, хранимое в составном документе OLE.

thunk — 1) сегмент кода. ♦ Небольшой сегмент кода, выполняющий трансляцию или преобразование во время вызова функции или косвенной адресации; 2) код трансформации. ♦ Сегмент кода, используемый для трансформации вызова функции из 16-битного кода в 32-битный, и наоборот.

TIFF — тэгированный формат файлов изображений. *См. tagged image file format.*

time code — временной код. ♦ Временная метка для каждого кадра изображения, восьмиразрядное число, содержащее закодированное значение времени в часах, минутах и секундах и номер кадра.

time relation — временное отношение. ♦ В реляционных базах данных — отношение между объектом базы данных и временем.

time slice intervals — или TSI, интервалы квантования. ♦ Интервалы времени, на которые файловый процессор сети разделяет свое время, чтобы выделить отдельный интервал каждому клиенту. *См. timeslicing.*

time span — временной интервал. *См. relative time.*

time to live — время жизни. ♦ Стандартное поле в заголовке протокола TCP/IP, которое содержит значение «срока годности» данных. Данные, время жизни которых не истекло, сохраняются и отправляются по сети, данные, время жизни которых истекло, уничтожаются.

time-out value — или time-out delay, время отключения или задержка отключения. ♦ В реляционных базах данных — максимальное значение времени, в течение которого один объект будет ждать завершения транзакции другим объектом.

timer identifier — или ID, идентификатор таймера. ♦ Величина, служащая для идентификации таймера или событий, связанных с таймером.

timeslicing — квантование (времени). ♦ Прием в многозадачном режиме, состоящий в выделении каждой задаче кванта времени ЦП (размером в доли секунды). В результате квантования многозадачный режим выглядит для пользователя как одновременное выполнение задач.

timestamp — временной штамп. ♦ Величина, показывающая время создания или изменения данных, доступа к данным, получения данных и т.д.

tint — цвет, основной тон, чистый цвет. *См. hue.*

TLS — местная память нити. *См. thread local storage.*

TN3270 — протокол TN3270. ♦ Разновидность протокола TELNET, позволяющая подключаться к большим ЭВМ IBM с терминала 3270 или аналогичного ему.

token — **1)** лексема, элементарное значение. ♦ Минимальный элемент, распознаваемый компилятором. Примерами лексем могут служить ключевые слова, идентификаторы, константы, операторы; **2)** маркер. ♦ Группа атрибутов секретности, создаваемая при входе пользователя в операционную систему. *См. access token, primary token;* **3)** маркер, эстафета. ♦ Пакет данных, используемый для передачи информации в локальной сети — эстафетном кольце. *См. Token Ring.*

token bus — шина с передачей маркера. ♦ Тип локальной сети, имеющей линейную конфигурацию, в которой очередь на прием и передачу данных определяется жетоном, передаваемым по очереди от одной рабочей станции к другой.

token ring — сетевая архитектура, основанная на топологии «кольцо».

Token Talk — протокол Token Talk. ♦ Название протокола, позволяющего передавать данные протокола Apple Talk по локальной сети типа Token Ring.

tool tip — подсказка инструмента. ♦ Окно-справка, в котором содержится краткое описание назначения кнопки панели инструментов. Подсказка появляется на экране, когда пользователь подводит курсор к кнопке.

toolbar — панель инструментов. ♦ Панель управления, содержащая ряд кнопок, помет включенности опции, зависимых кнопок, позволяющих выполнять различные операции.

top-level window — окно высшего уровня. ♦ Окно, которое не имеет родительских окон, или родительским окном которого является окно рабочего стола.

topic — тема. ♦ Информация, определяющая предмет, тему диалога при DDE и имеющая определенное значение для сервера DDE. Для большинства приложений, работающих с файлами, тема представляет собой имя файла. *См. DDE.*

topmost window — верхнее окно. ♦ Окно, которое перекрывает все другие окна, даже если оно не является активным.

topology — топология. ♦ Физическая организация и форма сети.

TP — витая пара. *См. twisted pair.*

TP-PMD — или twisted pair physical layer medium dependent (part of FDDI), физический уровень (протокола FDDI), использующий неэкранированную витую пару. ♦ Тип локальной сети, использующей неэкранированную витую пару в качестве соединительного кабеля и протокол FDDI. *См. PMD.*

trace — трассировка программы. ♦ Распечатка выполняемых программой команд и изменений переменных или распечатка информации о других событиях, связанных с выполнением программы. *См. trace message.*

trace message — или trace output, сообщение трассировки, выход трассировки. ♦ Сообщение об ошибке или диагностическое сообщение, предоставляющее информацию о том, где в программе произошла ошибка.

tracker — указатель состояния. ♦ В технологии OLE — специально оформленная граница OLE-объекта, отражающая состояние объекта, например штриховая граница, раздвижная граница и др.

tracking — **1)** трассировка. ♦ Перемещение курсора на экране, повторяющее перемещение мыши или другого устройства ввода координат; **2)** отслеживание. ♦ В управлении данными — отслеживание прохождения потока информации через систему; **3)** считывание дорожки диска или магнитной ленты; **4)** разрядка, уплотнение, изменение расстояния (между символами текста).

tracking size — предел изменения размера. ♦ Максимальный или минимальный размер окна, который пользователь может установить, перетаскивая границу окна или разделительную полосу в расщепленных окнах.

trail audit — контрольный журнал, контрольный след выполняемого процесса.

trail byte — следующий байт. ♦ Второй байт двухбайтового символа в двухбайтовом или многобайтовом наборе символов. *См. lead byte.*

trailer — **1)** заключительная часть сообщения, пакета, кадра; **2)** трейлер. ♦ Запись с контрольной суммой в конце массива данных.

trailer encapsulation — трейлерное оформление пакетов. ♦ Набор правил по включению пакетов IP в пакеты протокола Ethernet, используемый операционной системой Berkley UNIX 4.2. *См. encapsulation 2.*

Transact-SQL — название языка программирования, представляющего собой стандартный язык, используемый для связи между сервером языка SQL и приложениями.

transacted mode — режим транзакции. ♦ Режим доступа к файлу, в котором все изменения, вносимые в файл, записываются в буфер; эти изменения записываются на диск или отменяются только в случае поступления в явном виде подтверждения изменений или их отмены. *См. transaction.*

transaction — **1)** Транзакция, обработка запроса. ♦ В диалоговых системах — прием порции данных (сообщения, запроса) от пользователя, ее обработка и выдача ответного сообщения; **2)** транзакция. ♦ В базах данных и файловых системах — серия изменений в файле или операций с базой данных, объединенных в единый логический блок по принципу «все или ничего», то есть в случае невыполнения одного изменения (операции) или отказа в системе во время транзакции последняя не выполняется целиком, и файл или база данных возвращается в предшествовавшее транзакции состояние.

transaction log — журнал транзакций. ♦ Системная таблица базы данных, в которой регистрируются все изменения в базе данных.

transaction tracking system — или TTS, система отслеживания транзакций. ♦ Способ обеспечения целостности данных в базах данных со многими пользователями.

transceiver — трансивер. ♦ Приемопередатчик, устройство, обеспечивающее передачу данных в сеть и прием данных из сети.

transform — 1) преобразование, результат преобразования; 2) трансформировать, преобразовывать, превращать.

transforms — правила преобразования (имен доменов). ♦ В сети Интернет — правила, создаваемые администратором, согласно которым можно добавлять, убирать или изменять имена доменов, присоединенные к входящим и исходящим сообщениям.

transient — 1) переходный, неустановившийся, изменяемый, переменный; 2) переходная переменная. ♦ В языке Java — определитель типа переменной, указывающий на то, что эта переменная не является частью постоянного состояния объекта.

transient error — переходная ошибка, нерегулярная ошибка. ♦ В локальных сетях — ошибка передачи, чаще всего неповторяющаяся и устраняемая повторной передачей.

translation — 1) перевод, преобразование, пересчет; 2) трансляция. ♦ В программировании — преобразование программы из одного языка в другой, например трансляция исходного кода языка C в объектный код; 3) перенос. ♦ В компьютерной графике — перенос изображения в горизонтальном, вертикальном или любом другом направлении без поворота; 4) сдвиг. ♦ Операция, при которой разряды машинного кода сдвигаются вправо или влево.

translation phase — фаза трансляции. ♦ Одна из стадий работы компилятора при создании исполняемого кода.

translation unit — 1) единица трансляции. ♦ Исходный файл, поступающий на вход компилятора для обработки и преобразования в объектный файл; 2) единица трансляции. ♦ В языках C и C++ — последовательность маркеров, которую генерирует компилятор во время предварительной обработки исходного кода.

transparent application integration — прозрачная интеграция приложений. ♦ Метод, позволяющий манипулировать данными одного и того же документа с помощью различных приложений. Этот принцип воплощен в технологии OLE.

transparent asynchronous transmitter-receiver interface — или TAXI, прозрачный асинхронный интерфейс приемопередатчика. ♦ Интерфейс для подключения к сети, работающей в режиме ATM, разработанный компанией Fore. Существует два вида интерфейсов TAXI: один — для скорости передачи данных 100 Мбит/с, другой — для скорости 140 Мбит/с.

transport control protocol/protocol Internet — или TCP/IP, протокол транспортировки/протокол Интернет. ♦ Набор транспортных протоколов для сети Интернет, ориентированных на соединение (протокол управления транспортировкой TCP) и не ориентированных на соединение (протокол сети Интернет). Обычно в TCP/IP включают четыре протокола: протокол сети Интернет (IP), протокол управления транспортировкой (TCP), протокол дейтаграмм пользователя (UDP) и протокол управляющих сообщений Интернет (ICMP). *См. connection-oriented protocol, connectionless protocol.*

transport driver interface — или TDI, интерфейс транспортных драйверов. ♦ Спецификация интерфейса, описывающая набор простых функций, с помощью которого драйверы, работающие на транспортном уровне, общаются с прикладными программами. TDI обеспечивает трансляцию команд NetBIOS в команды TDI.

transport layer — **1)** транспортный уровень. ♦ Уровень протоколов модели OSI, обеспечивающих точную и надежную передачу информации в сети, обнаружение и корректировку ошибок; **2)** транспортный уровень. ♦ В дистанционной отладке — канал передачи данных, установленный между компьютером, исполняющим программу отладки, и выходным компьютером, на котором исполняется приложение и отладка которого производится.

treble — верхние звуковые частоты. ♦ В системах мультимедиа термин обычно относится к регуляторам верхних звуковых частот.

trichromatic — трехцветное представление. ♦ Техническое название для модели представления цветов RGB.

trigger — триггер, присоединенная процедура. ♦ В реляционных базах данных — специальный вид хранимых процедур, которые автоматически исполняются при соблюдении определенных условий.

trigraph — триграф. ♦ В языках C и C++ — последовательность трех символов (двух знаков вопроса и одного из знаков препинания — тире, запятой, точки), которую компилятор заменяет другим символом.

trivial file transfer protocol — или TFTP, протокол, обеспечивающий передачу файлов к удаленному компьютеру, имеющему службу TFTP, и от него. Протокол, определенный в спецификации RFC 1350, обладает меньшим количеством функциональных возможностей, чем протокол передачи файлов FTP.

Truespeech — название программы кодирования-декодирования звуковых сигналов. ♦ Программа, разработанная компанией DSP Group, Inc., предназначена, в основном, для кодирования-декодирования речи.

TrueType font — шрифт типа TrueType. ♦ Разработанный специально для Windows набор масштабируемых контурных шрифтов. Знаки этих шрифтов хранятся в виде набора команд, описывающих прямые и кривые контура знака, вместе с набором рекомендаций о способах изображения знаков малых размеров на экране и при печати с невысокой разрешающей способностью.

try block — блок повторных попыток. ♦ В языке C — защищенный блок кода в программе обработки особых ситуаций или обработки завершения программы.

TSI — интервалы квантования. *См. time slice intervals.*

TSQL — язык Transact-SQL. *См. Transact-SQL.*

TSR — резидентная программа, резидент. *См. terminate and stay resident.*

TTS — система отслеживания транзакций. *См. transaction tracking system.*

tunneling — туннелирование. ♦ Способ организации сети, при котором часть (несколько уровней) одного семейства протоколов используется в качестве канального уровня другого семейства протоколов, например часть протоколов TCP/IP используется совместно с протоколами Apple Talk.

twisted pair — или TP, витая пара. ♦ Название соединительного кабеля для локальных сетей, представляющего собой два скрученных проводника.

two-phase commit — двухфазное связывание. ♦ В распределенных базах данных — функциональная особенность сервера TSQL, заключающаяся в том, что сервер TSQL следит, чтобы транзакции, относящиеся к более чем одному серверу, были завершены либо на всех этих серверах, либо ни на одном.

type cast — приведение типов. ♦ Явное преобразование переменной, структуры, объекта или выражения из одного типа в другой.

type checking — проверка типа. ♦ Проверка, выполняемая компилятором или транслятором, определяющая, правильные ли типы данных употреблены в программе.

type declaration — описание типа. ♦ Описание в программе, определяющее характеристики нового типа данных, обычно комбинирующее более простые существующие типы.

type definition — **1)** определение типа. ♦ Определение, которое вводит имя типа. В пределах области видимости типа это имя становится синонимом типа или производного типа. Определение типа обычно используется для создания более коротких или более значимых имен уже описанных типов; **2)** определение типа (окон). ♦ Определение, содержащее характеристики объекта, например определение типа окон в Windows содержит размеры, цвет, описание поведения и положение на экране объекта определенного класса окон.

type library file — или OLE library, файл — библиотека типов или библиотека OLE. ♦ Файл составного документа OLE, содержащий стандартные описания типов данных, модулей и интерфейсов, которые могут быть использованы, чтобы делать объекты полностью видимыми для OLE Automation.

type modifier — модификатор типа. ♦ Ключевое слово, которое стоит перед названием типа данных и модифицирует этот тип, например ключевое слово unsigned (без знака) может быть использовано для модификации целочисленного (integer) типа данных.

type qualifier — спецификатор типа, управляющий параметр типа. ♦ Ключевое слово, определяющее свойства объектов этого типа, например спецификатор типа const (постоянный) определяет неизменяемость объекта.

type safety — надежность типа. ♦ Гарантия того, что во время исполнения программы данной функции не будут переданы данные типа, который функция не способна обработать. Надежность типа обеспечивается проверкой и использованием шаблонов классов, которые могут работать с данными многих типов.

type-safe collection — набор классов, обеспечивающих надежность типа. *См. type safety.*

type-safe name — имя с информацией о типе. *См. decorated name.*

Type1 — кабель типа Type1. ♦ Название кабеля, представляющего собой экранированную витую пару производства IBM. Один из наиболее распространенных типов кабеля для локальных сетей в Северной Америке.

typed pointer — указатель типа, указатель к определенному типу.

typeface name — название шрифта. ♦ Например, Times New Roman.

U

UCM cable — или universal cable module, кабель типа UCM. ♦ Тип кабеля, используемый для соединения различных типов параллельных портов. Использование этого кабеля для соединения параллельных портов типа ECP позволяет достичь очень высокой скорости передачи данных между компьютерами. *См. ECP.*

UDP — протокол пользовательских дейтаграмм. *См. user datagram protocol.*

UDT — унифицированная пересылка данных. *См. uniform data transfer.*

UMB — блоки верхней памяти. *См. upper memory blocks.*

unary operator — унарный оператор. ♦ Оператор, который имеет только один операнд, например оператор инкремента (++). *См. binary operator, ternary operator.*

unbalanced parentheses — несбалансированные скобки. ♦ Ситуация, когда количество открытых скобок не равно количеству закрытых.

UNC — универсальное соглашение о присвоении имен. *См. universal naming convention.*

undecorated name — неизмененное имя. ♦ В языке С++ — форма, которую идентификатор имеет в исходном коде, то есть строка доступных для чтения знаков, в отличие от измененного имени, имени с информацией о типе, состоящем из символов, понятных компилятору и компоновщику. *См. decorated name.*

underflow — 1) или loss of precision — отрицательное переполнение, потеря значимости. ♦ Ситуация, когда результат математической операции меньше минимального представимого с заданной точностью числа. *См. loss of significance;* **2)** выход за нижнюю границу стека. ♦ Попытка вызвать элемент из пустого стека. *См. stack underflow.*

underhang — отступ. ♦ В шрифтах — незаполненное пространство между границей ячейки, выделенной для одного знака, и черной частью глифа. *См. overhang.*

underlying tables — внутренние таблицы. *См. base tables.*

undo flag — флаг отмены операции. ♦ Логическая переменная, которая показывает, может ли приложение отменить последнюю выполненную операцию редактирования.

UNI — или user to network interface, сетевой интерфейс пользователя. ♦ Название сетевого интерфейса, используемого в сетях ATM.

Unicode — код Unicode. ♦ 16-битный набор знаков, широко используемый во всем мире в качестве стандарта. Windows NT использует Unicode на системном уровне.

uniform data transfer — или UDT, унифицированная пересылка данных. ♦ В технологии OLE — набор интерфейсов, позволяющий стандартизировать процедуры передачи и приема данных независимо от метода, используемого для пересылки данных.

uniform resource identifier — или URI, унифицированный идентификатор ресурса. ♦ Один из вариантов URL. *См. uniform resource locator.*

uniform resource locator — или URL, унифицированный адресатор ресурса. ♦ Унифицированный определитель адреса ресурса в сети Интернет, представленного в следующей форме: протокол: //сервер/локальный адрес; где протокол — один из протоколов HTTP или FTP.

uninterruptible power supply — или UPS, источник бесперебойного питания, ИБП. ♦ Источник питания, который в случае отключения основного питания позволяет системе завершить работу в неаварийном порядке, обеспечивая непрерывное питание системы в течение, как минимум, 4 минут после отключения. ИБП представляет собой один из способов повышения надежности системы.

union — **1)** объединение. ♦ Операция над множествами, операция «включающее ИЛИ»; **2)** объединение. ♦ Тип данных, являющийся объединением нескольких типов.

universal coordinated time — или UTC, всемирное координированное время. ♦ Всемирный стандарт времени, соответствующий среднему времени по Гринвичу (Greenwich mean time, GMT).

universal naming convention — или UNC, универсальное соглашение о присвоении имен. ♦ Стандартный формат записи пути доступа к ресурсу в локальной сети, имеющий вид: _\\сервер\имя ресурса\ путь\имя файла.

unique index — уникальный индекс. ♦ В реляционных базах данных — индекс, в котором никакие две строки не могут иметь одно и то же значение индекса.

universally unique identifier — или UUID, globally unique identifier, GUID, универсальный уникальный идентификатор, глобальный уникальный идентификатор. ♦ 128-битная величина, которая однозначно определяет объекты и интерфейсы OLE при установлении связи между процессами.

unrecoverable error — неисправимая ошибка. *См. fatal error.*

unresolved external — не найдена внешняя ссылка. ♦ Сообщение об ошибке, которое появляется в случае, если компоновщик не в состоянии найти и создать связь с типом данных или функцией, используемыми в исходном коде. Обычно ненайденная внешняя ссылка означает, что в ходе компоновки был утерян объектный файл или DLL.

unshielded twisted pair — или UTP, неэкранированная витая пара. ♦ Один из наиболее распространенных и дешевых типов кабеля для локальных сетей. *См. twisted pair.*

unsigned integer — целое число без знака. ♦ Тип данных, который может содержать только целые числа больше ноля или ноль.

update — **1)** исправлять, корректировать, изменять; **2)** исправления, изменения; **3)** новая, исправленная, измененная версия.

update handler function — функция изменений, функция модификации. ♦ Функция, реализующая изменения, вносимые в объектный файл или файл данных.

update region — или invalid region, область корректировки, недействительная область. ♦ В Windows — устаревшая или недействительная часть окна, которая нуждается в корректировке, «перекрашивании».

upper bound — верхний предел (диапазона допустимых значений величины).

upper memory area — область верхней памяти, область старших адресов, верхняя память. ♦ Часть физической памяти, лежащая в пределах от 640 Кбайт до 1024 Кбайт, для этой области памяти также применяется название «адаптерный сегмент», так как эта часть памяти часто используется адаптерами аппаратного обеспечения, например адаптерами принтера или монитора. *См. adapter segment.*

upper memory blocks — или UMB, блоки верхней памяти. ♦ Блоки, на которые разбита область верхней памяти. В компьютерах, использующих процессоры 80386 и выше, в блоки верхней памяти может быть загружена часть драйверов и резидентных программ MS-DOS, что позволяет освободить часть обычной памяти.

UPS — источник бесперебойного питания. *См. uninterruptible power supply.*

URI — унифицированный идентификатор ресурса. *См. uniform resource identifier.*

URL — унифицированный адресатор ресурса. *См. uniform resource locator.*

Usenet — или User Network, одно из названий групп обмена новостями в сети Интернет (Internet Newsgroup), объединяющих пользователей, которые обмениваются новостями, печатают и читают статьи по различным темам.

user account — учетная запись пользователя. ♦ Поименованный перечень ресурсов сети, к которым имеет доступ данный пользователь, и прав, которыми он наделен. *См. account, BDC.*

user context — контекст пользователя. ♦ Контекст пользователя представляет собой набор привилегий, четко определяющих права пользователя при доступе к ресурсам системы. Контекст пользователя устанавливается во время сеанса связи, проводимого операционной системой в ответ на запрос пользователя на вход в систему.

user datagram protocol — или UDP, протокол пользовательских дейтаграмм. ♦ Составная часть протокола TCP/IP, не ориентированный на соединение транспортный протокол, который создает интерфейс пользователя для протокола IP.

user to network interface — сетевой интерфейс пользователя в сетях ATM. *См. UNI.*

user-defined datatype — тип данных, определяемых пользователем. ♦ В языке SQL — определенный пользователем тип данных, который может использоваться в базе данных наряду со стандартным набором типов данных.

user-defined message — сообщение, определяемое пользователем. ♦ В Windows — сообщение, которое не является стандартным сообщением Windows, а задается пользователем.

user-defined transaction — определяемая пользователем транзакция. ♦ В языке SQL — группа простых транзакций, объединенных пользователем в один блок с помощью команд BEGIN TRANSACTION и END TRANSACTION. *См. transaction.*

user interface object — объект интерфейса пользователя. ♦ В Windows — объект, выполняющий определенную функцию в интерфейсе пользователя, например пункт меню, кнопка панели инструментов.

user interface thread — поток интерфейса пользователя. ♦ В Windows — поток, обрабатывающий данные, вводимые пользователем, и реагирующий на события, инициированные пользователем, независимо от процессов, исполняющих другие части приложения.

USRDLL — или user dynamic link library, пользовательская библиотека динамической компоновки. ♦ Версия библиотеки Microsoft Foundation Classes, используемая для статической компоновки нескольких классов в автономную библиотеку.

UTC — всемирное координированное время. *См. universal coordinated time.*

UTP — неэкранированная витая пара. *См. unshielded twisted pair.*

UUDECODE — или UNIX-to-UNIX decode, утилита декодирования. ♦ Сервисная программа, используемая для преобразования файлов, закодированных утилитой UUENCODE, в исходное состояние.

UUENCODE — или UNIX-to-UNIX encode, утилита кодирования. ♦ Сервисная программа, преобразующая двоичный файл (например, файл, созданный с помощью текстового редактора) в текст, который может быть передан по сети.

UUI — универсальный уникальный идентификатор. *См. universally unique identifier.*

V

validation rules — правила проверки. ♦ Набор функций, используемых в методе проверки диалоговых данных (DDV) для проверки правильности данных, вводимых пользователем в диалоговом окне. *См. DDV.*

value-added reseller — компания-распространитель, оказывающая дополнительные услуги. ♦ Компания, перепродающая аппаратное и программное обеспечение с предоставлением гарантийного обслуживания, услуг по установке и настройке оборудования и программ, консультаций и других видов сервиса.

VAR — компания-распространитель, оказывающая дополнительные услуги. *См. value-added reseller.*

variable — переменная. ♦ Поименованный объект, способный хранить определенный тип данных, значение которых может быть изменено во время исполнения программы.

variable data rate video — или VDRV, видео с переменной скоростью обработки данных. ♦ Цифровая видеосистема, скорость обработки данных которой изменяется от кадра к кадру таким образом, чтобы удовлетворить требования к качеству изображения или ширине диапазона передаваемого сигнала.

variant — 1) вариант, разновидность; 2) вариант. ♦ В OLE Automation — экземпляр типа данных VARIANT, который может представлять собой данные различных типов, таких как целые числа, числа с плавающей запятой, булевы величины, строки, указатели и т.д.

VBA — *см. Visual Basic for applications edition.*

VBX — элемент управления языка Visual Basic. *См. Visual Basic control.*

VCPI — программный интерфейс виртуального управления. *См. virtual control program interface.*

VCR — видеомагнитофон. *См. video cassette recorder.*

VDOLive Player — прикладная программа VDOLive Player. ♦ Автономное приложение, которое позволяет передавать непрерывное видеоизображение по сети Интернет. Приложение VDOLive Player совместимо с программой просмотра Internet Explorer.

VDRV — видео с переменной скоростью обработки данных. *См. variable data rate video.*

vector font — векторный шрифт. ♦ Масштабируемый шрифт, знаки которого представляют собой набор направленных отрезков (векторов). Векторные шрифты часто используются в приложениях, выходные данные которых оптимизированы для графопостроителей, а не для принтеров.

vector graphics — векторная графика. ♦ Способ построения изображений с помощью векторов, определенных координатами начала и конца.

Veronica — или very easy rodent-oriented net-wide index to computerized archives, информационная база данных Veronica. ♦ Информационная база данных, содержащая имена практически всех пунктов меню серверов службы Gopher. Поиск в этой базе данных можно вести из большинства меню службы Gopher. *См. Gopher, Archie.*

version information — информация о версии программы. ♦ Информация о версии программы содержится в стандартной форме в исполняемом файле (EXE) или в динамически зугружаемом модуле (DLL). Информация о версии программы включает в себя сведения о компании-разработчике, идентификатор программного продукта, номер версии, извещение о защите прав и торговой марки.

version resource — ресурс версии. ♦ Ресурс, содержащий текстовую или двоичную информацию о версии программы. *См. version information.*

vertical DLU — или dialog unit, единица высоты диалогового окна. *См. DLU.*

VESA — или Video Electronic Standards Association, Ассоциация стандартов по видеотехнике.

VFAT — файловая система VFAT. *См. virtual file allocation table.*

VGA — или video graphics array, видеосистема VGA. ♦ Тип видеосистемы, разработанный IBM, с разрешающей способностью 640×480 элементов изображения в графическом режиме при 16-цветной палитре, 320×200 при 256-цветной палитре и 720×400 в текстовом режиме.

VL (VESA local) bus — интерфейс для подсоединения периферийных устройств, в частности, высокоскоростных видеоплат, для компьютеров с микропроцессором 486. Разработан Ассоциацией стандартов по видеотехнике. *См. VESA.*

Video 1 (Microsoft) — кодек Video 1 (Microsoft). ♦ Программа кодирования-декодирования видеосигнала, обеспечивающая высокую скорость уплотнения и удовлетворительное качество видеоизображения.

video cassette recorder — или VCR, видеомагнитофон. ♦ Электронное устройство для записи и воспроизведения видеосигналов в системах мультимедиа, кроме того, используется для создания и воспроизведения резервных копий данных.

Video CODECS — кодек Video CODECS. ♦ Программа кодирования-декодирования видеосигнала, обеспечивающая высокое качество цветопередачи, но использующая большой объем памяти для записи видеосигнала.

view — **1)** представление. ♦ Представление базы данных с точки зрения отдельного пользователя или приложения; **2)** или aspect, вид. ♦ Видимое изображение данных или графических образов на экране; **3)** вид. ♦ В Windows — окно, с помощью которого пользователь просматривает или вносит изменения в документ; **4)** просмотр информации, представленной на экране монитора.

viewer — программа просмотра. ♦ Программа для просмотра файлов специальных форматов, содержащих графические изображения, видео- или звуковые сигналы.

viewport — область просмотра, окно просмотра рабочих данных, окно экрана. ♦ Часть пространства отображения (экрана или страницы принтера), в которой изображается и просматривается страница текста или часть графического объекта.

viewport origin — начало отсчета области просмотра. ♦ Угол окна просмотра, от которого отсчитывается высота и ширина окна просмотра. *См. viewport.*

VIRTKEY — или virtual key, виртуальная клавиша. ♦ Флаг в таблице командных клавиш, указывающий на то, что значение, приписываемое данной клавише в определении, представляет собой виртуальный код клавиши.

virtual base class — виртуальный основной класс. ♦ Основной класс, перед именем которого стоит ключевое слово «виртуальный» (VIRTUAL) и все производные классы которого содержат только один общий экземпляр членов этих классов. Это относится даже к непрямым производным классам, образованным путем многократного наследования. *См. base class.*

virtual control program interface — или VCPI, программный интерфейс виртуального управления. ♦ Программа управления памятью компьютеров серии 80386, обеспечивающая интерфейс между приложениями, использующими диспетчер расширенной памяти, и приложениями, использующими диспетчер отображаемой памяти.

virtual destructor — виртуальный деструктор. ♦ В языке С — специальная функция-деструктор, реализуемая путем описания деструктора базового класса с ключевым словом «виртуальный» (virtual).

virtual device — виртуальное устройство. ♦ Устройство, к которому может обращаться программное обеспечение, но которое не существует физически.

virtual device driver — или VxD, драйвер виртуального устройства. ♦ Компонент программного обеспечения низкого уровня, который управляет одним ресурсом, например экраном монитора или последовательным портом.

virtual directory — виртуальный каталог. ♦ Каталог информационного Интернет-сервера за пределами домашнего каталога; виртуальный каталог воспринимается программами просмотра сети как подкаталог домашнего каталога.

virtual file allocation table — или VFAT, файловая система VFAT. ♦ В Windows 95 — устанавливаемая 32-битная файловая система, совместимая с файловой системой FAT, основная файловая система Windows 95. VFAT с ограниченными возможностями использовалась в Windows для рабочих групп 3.11. *См. installable file system.*

virtual function — виртуальная функция. ♦ Функция — член основного класса, описанная с помощью ключевого слова «виртуальный» (VIRTUAL).

virtual hard drive memory factor — составляющая памяти виртуального жесткого диска. ♦ Свободный объем памяти в одном из разделов жесткого диска, к которому Windows может обращаться как к физической памяти.

virtual inheritance — виртуальная наследственность. ♦ В языке С++ — метод образования производных классов от виртуального основного класса. *См. virtual base class.*

virtual key code — виртуальный код клавиши. ♦ В Windows — не зависящая от устройств величина, определяющая данную клавишу и представляющая собой код клавиши, преобразованный драйвером клавиатуры. *См. scan code, VIRTKEY.*

virtual machine — или VM, виртуальная машина. ♦ Программное обеспечение, имитирующее работу физического устройства.

virtual memory — виртуальная память. ♦ Схема организации памяти, позволяющая приложению воспринимать оперативную память и участок памяти на жестком диске как большой непрерывный блок оперативной памяти.

virtual memory manager — или VMM, диспетчер виртуальной памяти. ♦ Программа управления виртуальной памятью, компонент Windows, который обеспечивает подкачку данных в виртуальную память и откачку данных из нее для приложений, работающих с виртуальными машинами.

virtual memory page — страница виртуальной памяти. ♦ В виртуальной памяти — блок памяти фиксированного размера, который имеет виртуальный адрес и перемещается как единичный блок между оперативной памятью и внешней памятью (жестким диском).

virtual private network — или VPN, виртуальная локальная сеть. ♦ Удаленная локальная сеть, доступ к которой по сети Интернет осуществляется с помощью протокола PPTP.

virtual reality modeling language — или VRML, язык моделирования виртуальной действительности. ♦ Язык векторного моделирования трехмерных пространств, конструкции которого могут передаваться по сети Интернет в виде текстовых файлов, использующих код ASCII. Является дополнением к языку описания гипертекста HTML.

virtual root — виртуальный граф. ♦ Граф, составленный из Web-псевдонимов, которые указывают на локальные, физически существующие каталоги. Виртуальный граф используется для упрощения локализации ресурсов.

virtual server — виртуальный сервер. ♦ В ситуации, когда несколько адресов IP закреплены за одной платой сетевого адаптера компьютера, такой компьютер воспринимается программой-клиентом как несколько серверов, называемых виртуальными серверами.

virtual terminal protocol — или VTP, протокол виртуального терминала. *См. Telnet (VTP).*

visible region — видимая область. ♦ В Windows — область окна, видимая пользователю.

visual editing — или in-place editing, визуальное редактирование, редактирование на месте. *См. in-place activation.*

Visual Basic for applications edition — или VBA, среда программирования и язык программирования Visual Basic, реализованные в составе Microsoft Office.

Visual Basic control — или VBX, элемент управления языка Visual Basic. ♦ Специальный элемент управления, который может быть использован как в языке Visual Basic, так и в других языках и системах программирования, разработанных Microsoft, включая Visual C++.

visual programming — визуальное программирование. ♦ Использование графических средств разработки для создания графического интерфейса пользователя.

VM — виртуальная машина. *См. virtual machine.*

VMM — менеджер виртуальной памяти. *См. virtual memory manager.*

void — **1)** пустой. ♦ При описании синтаксиса — позиция конструкции, которая может не заполняться; **2)** пустой, не выполняющий никаких действий. ♦ Об операции, указателе.

void pointer — пустой указатель. ♦ Указатель к объекту неизвестного типа.

volatile — **1)** энергозависимый, не сохраняющий информацию при выключении электропитания. ♦ Характеристика запоминающего устройства; **2)** изменяемый, непостоянный. ♦ Об информации, хранящейся в памяти и не сохраняющейся после окончания процесса или приложения; **3)** изменчивый. ♦ В языках C, C++ и Java — определитель типа, который описывает элемент данных, значение которого может быть законным образом изменено процессом или событием, происходящим за рамками программы, в которой используется этот элемент.

VPN — виртуальная локальная сеть. *См. virtual private network.*

VRML — язык моделирования виртуальной действительности. *См. virtual reality modeling language.*

VTP — протокол виртуального терминала. *См. virtual terminal protocol.*

VxD — драйвер виртуального устройства. *См. virtual device driver.*

W

WAIS — *см. wide area information server.*

WAN — большая сеть. *См. wide area network.*

watch expression — контрольное выражение. ♦ Выражение, значение которого оценивается многократно по мере исполнения программы и которое можно просмотреть во время отладки программы.

wave (WAV) file — файл формы сигнала. ♦ Файл с расширением WAV, файл стандартного формата, принятого компанией Microsoft для хранения формы звуковых сигналов.

waveform audio — воспроизведение звука на основе формы сигнала. ♦ Цифровая техника звукозаписи и воспроизведения звука, при которой звуковой сигнал воспроизводится на основе хранимой в цифровом виде формы сигнала.

weak external reference — слабая внешняя ссылка. ♦ Особый тип внешней ссылки, которая позволяет компоновщику заменять адрес другим символом.

Web browser — обозреватель Интернет, Web-браузер. ♦ Программное обеспечение, отображающее Web-страницы на экране компьютера. *См. World Wide Web, Web page.*

Web page — Web-страница, страница Интернет. ♦ Документ Web, который может содержать текст, графику, звуковую информацию, видео.

Web server — Web-сервер, Интернет-сервер. ♦ Компьютер, снабженный программным обеспечением сервера, который получает, обрабатывает и исполняет запросы от клиентов Сети. Web-сервер использует для связи с клиентами протокол HTTP.

well known port number — хорошо известный номер порта. ♦ Постоянный номер порта в протоколе TCP, присвоенный серверу Комитетом по назначению параметров Интернета (IANA). Хорошо известные номера портов перечислены в документе RFC 1700. *См. TCP port number.*

WGPO — почтовое отделение рабочей группы. *См. Workgroups post office.*

white space — **1)** пробел, интервал, поля. ♦ Промежуток между знаками, линиями, поля документа; **2)** незаполненная область окна.

wide area information server — или WAIS, информационный сервер большой сети. ♦ Распределенная информационная служба, помогающая пользователю находить информацию в большой компьютерной сети. Программное обеспечение WAIS состоит из четырех основных частей: клиент, сервер, база данных и протокол. *См. wide area network.*

wide area network — или WAN, большая сеть. ♦ Сеть соединенных каналами связи компьютеров, расположенных в различных географических пунктах.

wide character — или Unicode character, символ Unicode. ♦ Символ, представленный двухбайтовым знаковым кодом. В виде символа Unicode могут быть представлены буквы многих алфавитов, любой технический и математический символ и специальные печатные символы.

wide character constant — 16-битная знаковая константа.

WIN.INI — файл инициализации Windows. ♦ Текстовый файл, в котором хранится информация, необходимая для инициализации Windows и приложений к Windows в операционной системе Windows 3.x.

Win32 API — или Windows application programming interface, интерфейс прикладного программирования Win32. ♦ Набор функций для 32-битной платформы Windows, которые прикладные программы используют для взаимодействия с операционной системой и другими приложениями.

Win32 platform — платформа Win32. ♦ Программная платформа, поддерживающая 32-битные интерфейсы прикладных программ для Windows. К таким платформам относят Windows NT и Windows 95.

window characteristic — характеристика окна. ♦ Атрибут окна, такой как размер, положение на экране или наличие полос прокрутки.

window class — класс окна. ♦ Набор атрибутов, которые Windows использует в качестве шаблона для создания окон в приложениях.

window extent — размер окна. ♦ Ширина (x-extent) и высота (y-extent) окна. *См. x-extent, y-extent.*

window handle — определитель окна. ♦ В интерфейсе прикладных программ Win32 — 32-битная величина, которая однозначно определяет данное окно. Приложение использует этот определитель для того, чтобы направить действие функций к данному окну.

window origin — 1) начало координат в окне. ♦ Верхний левый угол рабочей области окна; 2) начало отсчета. ♦ Угол окна, от которого отсчитывается ширина и высота окна.

window procedure — процедура окна. ♦ Функция, вызываемая операционной системой, которая определяет внешний вид и поведение окна. Процедура окна принимает и обрабатывает все сообщения, поступающие к этому окну.

window rectangle — прямоугольник окна. ♦ Прямоугольник, включающий в себя все окно. Прямоугольник окна определяется двумя парами координат, которые представляют собой координаты верхнего левого и нижнего правого углов прямоугольника.

window style — стиль окна. ♦ Поименованная константа в интерфейсе прикладных программ Windows (Win API), определяющая некоторые аспекты внешнего вида и поведения окна, не определенные классом окна.

window-management function — функция управления окном. ♦ Функция в интерфейсе прикладных программ Windows (Win API), позволяющая, например, изменять размеры положения окна.

Windows — операционная система Windows. ♦ Название семейства операционных систем, разработанных Microsoft для персональных компьютеров IBM и IBM-совместимых компьютеров. Windows отличается характерным графическим интерфейсом пользователя.

Windows application — приложение Windows. ♦ Прикладная программа, работающая на основе операционной системы Windows. Все приложения Windows следуют общим для них правилам организации графического интерфейса пользователя (расположение и вид меню, правила использования клавиатуры и мыши и т.д.).

Windows CE — операционная система Windows CE. ♦ Новая операционная система, разработанная Microsoft для карманных персональных компьютеров (handheld PC), которая также может быть использована в терминалах, промышленных контроллерах и других устройствах. Операционная система Windows CE основана на программной платформе Win32 и позволяет устройствам, работающим в этой операционной системе, легко связываться с персональными компьютерами и серверами, использующими операционные системы Windows 95 или Windows NT.

Windows Internet name service — или WINS, служба присвоения имен сети Интернет в Windows. ♦ Служба присвоения имен сервера Windows NT, которая устанавливает соответствие между именами компьютеров в NetBIOS и адресами IP для своих клиентов.

Windows NT — операционная система Windows NT. ♦ Операционная система из семейства Windows, используемая на платформах Intel и Alpha. Операционная система Windows NT позволяет исполнять приложения к Windows на различных компьютерах, начиная от простейших машин до больших многопроцессорных рабочих станций и серверов.

Windows open services architecture — или WOSA, архитектура открытых систем Windows. ♦ Спецификация, описывающая набор функций интерфейса прикладных программ, позволяющих приложениям Windows подключаться к разнообразным операционным средам и платформам.

Windows Sockets — программное обеспечение Windows Sockets. ♦ Название сетевого программного обеспечения, разработанного для Windows на основе широко используемого интерфейса прикладных программ Berkley Sockets. Windows Sockets представляет собой интерфейс сетевых прикладных программ, позволяющий создавать приложения к Windows, обеспечивающие socket-каналы для работы с сетями TCP/IP. *См. socket.*

Windows Write — программа Windows Write. ♦ Программа — текстовый редактор, входящая в состав Windows 3.x.

Windows Write file — файл Windows Write. ♦ Файл текстового редактора Windows Write (WRI).

WINS — служба присвоения имен сети Интернет в Windows. *См. Windows Internet name service.*

WINS server — сервер WINS. ♦ Компьютер, исполняющий программы сервера Windows NT и службы WINS. Сервер WINS осуществляет регистрацию имен, обработку запросов и т.д.

WinSock — сокращение от Windows Sockets. *См. Windows Sockets.*

WinSock proxy service — служба прокси-сервера для Windows Sockets. ♦ Интерфейс прикладных программ, который обеспечивает переадресацию и удаленное исполнение прикладных программ, работающих совместно с Windows Sockets, когда программное обеспечение Windows Sockets установлено на компьютерах локальной закрытой сети. *См. proxy server, Windows Sockets.*

wire center — или wire hub, концентратор, многопортовый усилитель в центре сети. ♦ Устройство, позволяющее администратору локальной сети добавлять к сети или удалять из нее рабочие станции, не нарушая работу сети.

wire hub — концентратор. *См. wire center.*

wizard — мастер. ♦ Особая форма помощи пользователю в прикладных программах, небольшая программа, которая дает пользователю пошаговые инструкции при выполнении сложных задач в данном приложении. Например, приложение для работы с базами данных может содержать специальные программы-мастера для создания отчетов и форм.

word alignment — выравнивание слов. ♦ Выравнивание данных в памяти по границам слов, в 32-битных системах выравнивание слов означает, что первый байт любого объекта данных имеет адрес, кратный 4.

word boundary — границы слова. ♦ Адрес в памяти, кратный размеру машинного слова в байтах.

word wrap — автоматический переход на новую строку. ♦ В системах подготовки текстов — автоматический перенос слова на следующую строку, в случае если это слово в текущей строке уже выходит за границу окна или на поля документа.

worker thread — рабочий поток. ♦ Процесс, который выполняет фоновые задачи, такие как фоновая печать, пока пользователь продолжает работать с приложением.

Workgroups post office — почтовое отделение Microsoft Mail. ♦ Компонент Microsoft Mail, устанавливаемый на специализированном сервере обработки сообщений электронной почты.

workgroup software — программное обеспечение для рабочих групп. ♦ Программное обеспечение, позволяющее группе пользователей совместно работать над данными и документами и просматривать результаты работы друг друга.

working set — **1)** рабочий набор. ♦ Набор страниц физической памяти (ОЗУ), доступных в данный момент для процесса. Страницы рабочего набора являются резидентными в памяти, и приложение может использовать их, не вызывая ошибки страницы; **2)** рабочий набор. ♦ Общий объем физической и виртуальной памяти, используемой процессом.

workspace — рабочее пространство. ♦ Понятие, используемое в управлении окнами или задачами. Рабочее пространство представляет собой несущий объект (задачу, окно), содержащий набор объектов (задач, окон), при этом окна внутренних объектов всегда расположены внутри несущего окна.

workspace configuration file — файл конфигурации рабочего пространства. ♦ Файл, создаваемый Microsoft Developer Studio. Файл конфигурации рабочего пространства содержит информацию о рабочем пространстве проекта, включая список всех проектов, их исходных файлов, выходных файлов всех проектов и т.д. *См. workspace.*

workspace window — окно рабочего пространства. ♦ В Microsoft Developer Studio — окно, которое выводит на экран графическое представление рабочего пространства проекта, в подокнах этого окна представлены проекты и файлы, классы языка C++, содержание диалоговой справочной системы.

workstation — рабочая станция. ♦ Компьютер, с которого пользователь может работать с системами подготовки текста, приложениями для работы с электронными таблицами и базами данных и другими нужными ему приложениями, а также использовать ресурсы локальной сети, доступные для совместного использования.

World Wide Web — или WWW. ♦ Часть глобальной сети Интернет, развившаяся после появления языка HTML и протокола HTTP. Web-страницы ссылаются друг на друга при помощи гиперсвязей, что позволяет пользователю попасть на любую страницу с любой другой страницы. Для перемещения по Web используют программы-обозреватели Web (браузеры).

WORM (write once/read many) — устройство без возможности перезаписи. ♦ Специальный тип дисков, запись на которые производится способом, не допускающим стирания или изменения данных на диске.

WOSA — архитектура открытых систем Windows. *См. Windows open services architecture.*

wrapper class — упаковочный класс. ♦ Класс языка C++, назначение которого состоит в создании дополнительного интерфейса — «упаковки» для объектов другого класса.

write-ahead log — регистрация с упреждением. ♦ Метод регистрации транзакций в языке SQL, в котором запись о транзакции заносится в журнал до того, как будет выполнена операция над записью в базе данных.

write-only — только для записи. ♦ Характеристика объекта — канала, файла, объекта выходного потока в языке C++, указывающая на то, что данные могут быть только записаны в этот объект, но не считаны из него.

WWW — Всемирная сеть Web, Сеть. *См. World Wide Web.*

WYSIWYG (what you see is what you get) — режим полного соответствия. ♦ Метод вывода на экран документов и графики в том виде, какой они будут иметь в отпечатанной копии.

X

X-Window — графическая система X-Window. ♦ Графическая система, использующая принцип окон, для компьютеров UNIX.

x-extent — ширина, размер окна по горизонтали. *См. window extent.*

Х.25 — протокол коммутации пакетов, протокол Х.25. ♦ Стандартный протокол для связи между сетями, реализующий функцию связи между сетями, определенную на сетевом уровне модели OSI.

Х.400 — протокол Х.400. ♦ Протокол работы электронной почты ITU-T и ISO.

Х.500 — протокол Х.500. ♦ Разработанный ISO протокол для доступа к каталогам, стандарт для всемирных служб каталогов. Х.500 определяет классы объектов в каталогах и методы доступа к объектам в каталогах.

ХА — стандарт ХА. ♦ Стандарт, определяющий способ взаимодействия различных систем обработки транзакций. Сервер обработки транзакций Microsoft (Microsoft transaction server) использует стандарт ХА для подключения к другим системам обработки транзакций.

XGA — или extended graphics adapter, монитор XGA. ♦ Видеосистема, разработанная IBM и совместимая со стандартом VGA, но с более высокой разрешающей способностью (до 1024×768 элементов изображения).

XMM — или DOS Extender, MS-DOS Extender, диспетчер расширенной памяти. *См. extended memory manager.*

XMS — спецификация расширенной памяти. *См. extended memory specification.*

Y

y-extent — высота окна, размер окна по вертикали. *См. window extent.*

YUV color system — система раздельного кодирования цвета и яркости. ♦ Система цветового кодирования, в которой информация о яркости изображения (Y) кодируется отдельно от информации о цветности (UV).

Z

z-order — порядок по оси z. ♦ Порядок, который определяет положение окна в наборе перекрывающих друг друга окон, следующих друг за другом по воображаемой оси z, перпендикулярной экрану и направленной от экрана.

zero-length string — строка нулевой длины. *См. null string.*

zone — или DNS zone, зона, зона системы имен доменов. ♦ Для упрощения управления в системе имен доменов (DNS) домены разбивают на несколько зон. Каждая такая зона системы имен доменов имеет отдельный файл в базе данных имен доменов. *См. zone data file.*

zone data file — файл данных зоны. ♦ Файл базы данных DNS, содержащий данные об именах компьютеров, относящихся к данной зоне домена.

zooming — изменение масштаба изображения. ♦ Изменение масштаба, уменьшение или увеличение выбранного окна или части графического изображения.

1-2-3...

100Base-T — или Fast Ethernet, группа протоколов 100Base-T, быстрый Ethernet. ♦ Группа протоколов на основе протокола Ethernet для локальных сетей со скоростью передачи данных 100 Мбит/с, описана в стандарте IEEE 802.3. *См. 100Base-T4, 100Base-TF, 100Base-TX.*

100Base-T4 — протокол 100Base-T4. ♦ Протокол локальной сети Ethernet со скоростью передачи данных 100 Мбит/с, ранее называвшейся 4T+.

100Base-TF — протокол 100Base-TF. ♦ Протокол локальной сети Ethernet со скоростью передачи данных 100 Мбит/с, ранее входивший в состав протокола 100Base-X.

100Base-TX — протокол 100Base-TX. ♦ Протокол локальной сети Ethernet со скоростью передачи данных 100 Мбит/с, ранее входивший в состав протокола 100Base-X.

100Base-X — протокол 100Base-X. ♦ Старое название для протоколов 100Base-TF и 100Base-TX.

100Mbps copper UNI (user-to-network interface) — сетевой интерфейс 100Mbps copper UNI. ♦ Спецификация, разработанная консорциумом ATM Forum для сетевого интерфейса сетей ATM со скоростью передачи 100 Мбит/с, использующих медный кабель для соединений.

100Mbps UNI (user-to-network interface) — сетевой интерфейс 100Mbps UNI. ♦ Спецификация, разработанная консорциумом ATM Forum для сетевого интерфейса сетей ATM со скоростью передачи 100 Мбит/с, использующих многорежимный оптический кабель для соединений.

100VG-AnyLAN — протокол 100VG-AnyLAN. ♦ Протокол локальной сети типа Ethernet со скоростью передачи данных 100 Мбит/с, разработанный в форме предложения к стандарту IEEE 802.3, но позднее выделенный в самостоятельный стандарт IEEE 802.12.

100VG-AnyLAN Forum — консорциум 100VG-AnyLAN Forum. ♦ Группа компаний, стремящихся ускорить широкое внедрение сетей протокола 100VG-AnyLAN и работающая над вопросами совместимости этого протокола с другими протоколами.

10Base 2 — протокол 10Base 2. ♦ Протокол сети Ethernet, использующей тонкий коаксиальный кабель для соединений, со скоростью передачи данных 10 Мбит/с. Максимальное расстояние между узлами такой сети — 200 м.

10Base 5 — протокол 10Base 5. ♦ Протокол локальной сети Ethernet, использующей биаксиальный кабель для соединений, со скоростью передачи данных 10 Мбит/с. Максимальное расстояние между узлами такой сети — 500 м.

10Base T — протокол 10Base T. ♦ Протокол локальной сети Ethernet, использующей кабель в виде скрученной пары для соединений, со скоростью передачи данных 10 Мбит/с.

10Base F — группа протоколов 10Base F. ♦ Группа стандартов для локальных сетей протокола Ethernet со скоростью передачи

10 Мбит/с, использующих многорежимный оптический кабель (стандарт IEEE 802.3). *См. 10Base FB, 10Base FL, 10Base FP.*

10Base FB — или Synchronous Ethernet, протокол 10Base FB, синхронный Ethernet. ♦ Протокол локальной сети Ethernet со скоростью передачи 10 Мбит/с, использующей многорежимный оптический кабель, описанный в стандарте IEEE 802.3, раздел 17.

10Base FL — протокол 10Base FL. ♦ Протокол сети Ethernet со скоростью передачи 10 Мбит/с, использующей многорежимный оптический кабель, описанный в стандарте IEEE 802.3, раздел 18.

10Base FP — протокол 10Base FP. ♦ Протокол сети Ethernet со скоростью передачи 10 Мбит/с, использующей многорежимный оптический кабель, описанный в стандарте IEEE 802.3, раздел 16.

155Mbps UNI (user-to-network interface) — сетевой интерфейс 155Mbps UNI. ♦ Спецификация, разработанная консорциумом ATM Forum для сетевого интерфейса сетей ATM со скоростью передачи 155 Мбит/с. Существует две версии таких сетей: с использованием многорежимного оптического кабеля и с использованием витой пары.

16-bit — 16-битный. ♦ Об аппаратных системах и программном обеспечении, которые обрабатывают информацию в виде слов длиной в 2 байта (16 бит).

25Mbps UNI (user-to-network interface) — сетевой интерфейс 25Mbps UNI. ♦ Спецификация, разработанная компанией IBM для сетевого интерфейса сетей ATM со скоростью передачи 25 Мбит/с, использующих медный кабель для соединений.

32-bit — 32-битный. ♦ Об аппаратном и программном обеспечении, которое обрабатывает данные, коды программ и адресную информацию в виде слов длиной в 4 байта (32 бит).

4T+ — старое название протокола 100Base-T4.

51Mbps UNI (user-to-network interface) — сетевой интерфейс 51Mbps UNI. ♦ Спецификация, разработанная консорциумом ATM Forum для сетевого интерфейса сетей ATM со скоростью передачи 51 Мбит/с по кабелю UTP (неэкранированная витая пара) категории 3.

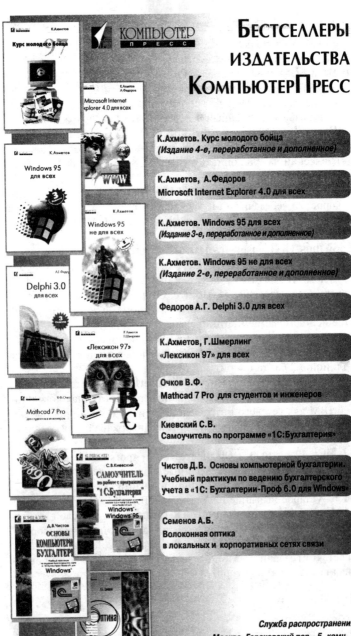

БЕСТСЕЛЛЕРЫ ИЗДАТЕЛЬСТВА КОМПЬЮТЕРПРЕСС

К.Ахметов. Курс молодого бойца
(Издание 4-е, переработанное и дополненное)

К.Ахметов, А.Федоров
Microsoft Internet Explorer 4.0 для всех

К.Ахметов. Windows 95 для всех
(Издание 3-е, переработанное и дополненное)

К.Ахметов. Windows 95 не для всех
(Издание 2-е, переработанное и дополненное)

Федоров А.Г. Delphi 3.0 для всех

К.Ахметов, Г.Шмерлинг
«Лексикон 97» для всех

Очков В.Ф.
Mathcad 7 Pro для студентов и инженеров

Киевский С.В.
Самоучитель по программе «1С:Бухгалтерия»

Чистов Д.В. Основы компьютерной бухгалтерии.
Учебный практикум по ведению бухгалтерского учета в «1С: Бухгалтерии-Проф 6.0 для Windows»

Семенов А.Б.
Волоконная оптика
в локальных и корпоративных сетях связи

Служба распространения:
Москва, Гороховский пер., 5, комн. 7.
Тел.: (095) 261-51-51, т/ф: 261-52-22